历史面面观
ALL ABOUT HISTORY

DISCOVER THE STORY OF ANCIENT ROME'S MOST ICONIC LEADER

恺撒传

揭秘古罗马最著名的领袖

[英] 艾米·贝斯特 — 编著
张婉悦 — 译

登上权力巅峰
堕入爱河的皇帝
生平与遗产

JULIUS CAESAR

新世界出版社
NEW WORLD PRESS

审图号：GS（2022）1193 号

著作权合同登记号：京权图字01-2021-3470号

图书在版编目（CIP）数据

恺撒传 /（英）艾米・贝斯特编著；张婉悦译 . --
北京：新世界出版社，2022.4
（历史面面观）
ISBN 978-7-5104-7408-8

Ⅰ . ①恺… Ⅱ . ①艾… ②张… Ⅲ . ①恺撒（Caesar, Gaius Julius 前 100－前 44）－传记Ⅳ . ① K835.467=2

中国版本图书馆 CIP 数据核字（2021）第 270676 号

恺撒传

编　　著：[英] 艾米・贝斯特
译　　者：张婉悦
审　　校：崔学森
责任编辑：熊文霞
装帧设计：左左工作室
责任校对：宣　慧
责任印制：王宝根　苏爱玲
出　　版：新世界出版社
网　　址：http://www.nwp.com.cn
社　　址：北京西城区百万庄大街 24 号（100037）
发 行 部：（010）6899 5968（电话）　（010）6899 0635（电话）
总 编 室：（010）6899 5424（电话）　（010）6832 6679（传真）
版 权 部：+8610 6899 6306（电话）　nwpcd@sina.com（电邮）
印　　刷：小森印刷（北京）有限公司
经　　销：新华书店
开　　本：787mm × 1092mm　1/16　尺寸：185mm × 260mm
字　　数：298 千字　印张：13.75
版　　次：2022 年 4 月第 1 版　2022 年 4 月第 1 次印刷
书　　号：ISBN 978-7-5104-7408-8
定　　价：78.00 元

欢迎阅读
“历史面面观”系列之
《恺撒传》

尤利乌斯·恺撒是古罗马最著名的统治者之一，是历史长卷中一个举足轻重的名字，也是我们今日了解罗马帝国发展壮大的重要线索。本书将详细介绍这位罗马将军，例如颇具争议的与克利奥帕特拉的私人关系，导致他最终失去罗马共和国控制权的政治运动，以及惨遭盟友暗杀的末途。本书还将向您介绍古罗马的文化与政治历史，包括古罗马如何从强大走向衰亡，罗马人的生活以及他们崇拜的神灵。恺撒是有史以来最伟大的军事领袖之一，让我们跟随他的足迹，从他短暂的一生中发掘他留下的永恒遗产。

目 录

古罗马历史

History of Ancient Rome

恺撒的掌权之路

Rise to power

垮台与衰亡

Downfall & Demise

“历史学家们一直认为
恺撒是有史以来最伟大的
军事指挥官之一”

古罗马历史

History of Ancient Rome

发现最成功帝国之一的
文化、政治与历史

罗马的传奇

The legend of Rome

从偏居一隅的弹丸小国到称霸一方的雄伟帝国，罗马一步步发展壮大，在历史上留下了浓墨重彩的一笔

如今的罗马是风景旖旎的旅游胜地，到访的人们是携带相机的旅行者而非蛮族军队。古代的罗马则是文明的中心。从王国到共和国再到帝国，罗马都是一个民族皇冠上的宝石。这个强大的国度永远地改变了历史。它以罗马及其不断改姓易代的政府的名义，重新定义了战争的准则和策略，革新了现代基础设施，首开中世纪的大门。

和其他大国一样，罗马也在世界范围内划分版图。从不列颠寒冷的海岸到巴勒斯坦和埃及温暖的沙滩，罗马建立了一个令人瞩目的帝国，但它在每一个关键时刻都会引来争斗。古代世界并不是一片祥和美好，那里瘟疫肆虐，暴雨连连，随处可见野外部落间的争斗。但对于罗马来说，古代世界是其点彩自身独特文明的画布。

罗马最开始只是一个弹丸小国。它由意大利的“氏族”或宗族构成，在新国王的带领下同心协力，雄心勃勃地勾画着建立新国家的蓝图。在此基础上，一些标志性的罗马概念得以出现，最值得一提的就是元老院的诞生：在接下来的很长时间内，渴求民主的人民与昙花一现的独裁统治者们一直处在明争暗斗之中。

> 理论上，罗马帝国仅仅占据古罗马历史上一个相对较短的时期——在此之前，它经历了王政时代和共和国时代。

罗马把自己塑造成一个国家最引以为傲的首都。不管是市政建筑还是境内道路，随处可见希腊风格和伊特鲁里亚风格的柱子和宏伟设计。国王们的荒唐之举令罗马迅速转变政体，开启新时代——罗马共和国。共和国以应对冲突和入侵的名义，建立了一支有组织、有纪律、战无不胜的军队——罗马军团，并以此为基础架起民主的光辉灯塔。罗马军团是共和国征服已知世界的一记重锤，但他们在随后的危机中将国家带到分崩离析的边缘。民主迎来伟大的罗马，也给挟势弄权者和尤利乌斯·恺撒的行动敞开大门，罗马进而转变为一个新的国家，一个再次专注于征服世界的国家；一个帝国——由渴望重塑形象的皇帝执掌大权。罗马帝国日渐崛起，空前强大，尽管在工程领域创新和进步显著（大多在未来的黑暗时代覆灭），但罗马帝国却试图将瞬息万变的世界统一在同一体制下。因此它注定被另一个伟大的帝国所取代……

罗马帝国
公元前 753 年至公元前 509 年

罗马建立 / 罗慕路斯称王
公元前 753 年

罗慕路斯将军麾下的军队是所有交战的部落和氏族中最强大的。他自封为王，组建了元老院的前身，由于意大利根深蒂固的父权结构非常器重睿智的长者，罗慕路斯挑选了约 100 名德高望重的老者进入元老院。元老院的首要职责是处理王国的日常事务。罗马的首部法典和第一批常备军队就是在此基础上形成的。

△ 罗慕路斯和他的兄弟雷穆斯的故事充满了传奇和神话色彩

罗慕路斯去世

公元前 716 年，罗慕路斯在一场暴风雨中离奇失踪。有传说称他是被谋杀的，事实上，罗马在那时还处于群龙无首的状态。

公元前 716 年

托里斯 · 奥斯蒂吕斯成为国王

在短暂的临时执政期之后，候选人托里斯 · 奥斯蒂吕斯继位。奥斯蒂吕斯与崇尚和平的前任国王截然不同，他是一个热衷于对外扩张的君主。

公元前 673 年

753 BCE　716 BCE　715 BCE　673 BCE

努马 · 庞皮利乌斯被选举为王

元老院推举萨宾贵族努马 · 庞皮利乌斯为新国王，过渡期由此结束。根据罗马历史学家普鲁塔克的记载，庞皮利乌斯诞生于罗马建国日。

公元前 715 年

努马 · 庞皮利乌斯逝世

庞皮利乌斯在位期间，为罗马修建了包括一众庙宇在内的诸多宗教建筑。

公元前 673 年

开启过渡时期
公元前 716 年

罗慕路斯“逝世”后，根据元老院的命令，罗马进入了“过渡时期”。在不到一年的时间里，传统政府不复存在，前国王死亡，下一位国王尚未确定。罗马王国的民主原则规定，只有元老院或类似的机构才有权立王，因此在这一年的时间里，十个不同的人接二连三地尝试“统治”这个王国。元老院以此为据，挑选其中一位继任为王。

△ 并不是每一次王位更替都会经历过渡时期：第六位国王被谋杀后，他的继任者迫不及待地登上了王位

拜占庭建立

公元前 667 年

公元前 667 年前后，拜占庭帝国成立，它最终见证了罗马的灭亡。据传，拜占斯（Byzas）从邻近古雅典的城邦迈加拉（Megara）起航，后创建了拜占庭。拜占庭作为黑海的唯一入口，凭借其稳定、繁荣的贸易，成为国富民强的大国。

△ 拜占庭从罗马的小分支最终成为其首都

罗马的建筑风格在 18 世纪的新古典主义风格中延续至今。

托里斯·奥斯蒂吕斯逝世

随着罗马的疆界空前扩张，好战的托里斯·奥斯蒂吕斯与世长辞。他的统治能力与罗慕路斯不分伯仲。

公元前 642 年

667 BCE

642 BCE

617 BCE

安古斯·马奇路斯逝世

公元前 617 年，罗马的第四位传奇国王安古斯·马奇路斯辞世。他在位期间续写了努马·庞皮利乌斯“在罗马宗教基础设施方面的辉煌”。

公元前 617 年

△ 库里亚大会由普通公民组成，据罗马法规定，他们聚在一起票选出新国王

库里亚大会推举安古斯·马奇路斯为王

公元前 642 年

同王政时代的诸多国王一样，托里斯·奥斯蒂吕斯与其继任者间也存有一个过渡期。选举新国王期间，城市由临时执政者统治。元老院先筛选出合适的候选人，再由罗马公民投票选举心目中的统治者。负责任命新领导人安古斯·马奇路斯的立法机构被称为“库里亚大会”。

古罗马广场建成
公元前 600 年

古罗马会议广场是罗马史上最重要的机构，它是元老院所在地，也是主要立法规定的颁布地。在卢修斯·塔奎尼乌斯·普里斯库斯（Lucius Tarquinius Priscus）统治时期，广场竣工。先前的统治者都曾来过此地朝圣，从建成的排水工程到朴素的庙宇都留下了他们的身影。普里斯库斯的贡献是施工完成了主要的矩形建筑，并铺设了整个广场。这一广场堪称罗马民主的心脏，在历史的进程中发挥了极大的作用。

△ 古罗马广场至今仍屹立不倒，是这座城市最具标志性的建筑之一

古老的拉丁文碑文
最早的书面拉丁文可以追溯到公元前 600 年前后，那时罗马人开始积极地记录他们的法律。
公元前 600 年

塞尔维乌斯·图利乌斯成为国王
塞尔维乌斯·图利乌斯担任了一段时间的摄政王后，元老院一致认为他是合适的候选人，并推举他为第六任国王（伊特鲁里亚后裔中的第二任国王）
公元前 575 年

616 BCE　600 BCE　579 BCE　578 BCE　575 BCE

卢修斯·塔奎尼乌斯成为国王
雄心勃勃的政治家卢修斯·塔奎尼乌斯是王政时代公民推举选出的第五位国王。
公元前 616 年

马克西姆下水道完工
马克西姆下水道是在普里斯库斯的指导下建造完成的，它是首条在罗马市中心建造的下水道。更早的时候，人们就曾数次尝试修建下水道，但这才是第一个真正意义上的成品。
公元前 578 年

△ 普里斯库斯的谋杀案在几年后呈现出令人担忧的势头

普里斯库斯死于暴乱
公元前 579 年

卢修斯·塔奎尼乌斯·普里斯库斯是罗马史上第一个死于谋杀的国王，他在前国王安古斯·马奇路斯之子组织的暴乱中命丧黄泉。据传，安古斯·马奇路斯的儿子们认为应该由他们继承王位，所以在人民中策划了一场暴乱。普里斯库斯在混乱中头部遭到重创。据说，普里斯库斯的妻子发现她丈夫只是受伤了，并没有死，于是利用这段时间任命伊特鲁里亚人塞尔维乌斯·图利乌斯成为摄政王。

△ 推翻君主制并建立共和制

推翻罗马君主制

公元前 509 年

国王之子凌辱妇女卢克里莎一事，成为这场积年甚久的政治暴乱的导火索。暴君卢修斯·塔奎尼乌斯·苏佩布斯为政暴虐，独断专横，引起罗马公民和元老院的强烈不满。由于塔奎尼乌斯十分痴迷于建筑工程，几近耗空了皇家金库，且在军事上决断愚昧（更多的是基于提升地位而非改善王国的考虑），人民发动了起义，将塔奎尼乌斯驱逐出境并推翻了君主制。

△ 卢克里莎因被强奸而自杀身亡

图利乌斯修建城墙
图利乌斯继位后，当机立断在罗马修建防卫城墙，这是罗马统治者修建的首个防御工事。
公元前 550 年

550 BCE　535 BCE　509 BCE

卢修斯 · 塔奎尼乌斯 · 苏佩布斯的儿子强奸贵族妇女
苏佩布斯本就是一个声名狼藉的国王，暴虐程度远近闻名。他的儿子塞克斯都斯玷污贵族妇女卢克里莎的消息一经传出，罗马就陷入了混乱之中。
公元前 509 年

△ 塞尔维乌斯 · 图利乌斯推动完善国家的金融和军事基础设施

塞尔维乌斯 · 图利乌斯遇刺身亡

公元前 535 年

继普里斯库斯的谋杀案后，另一个令人担忧的问题是，国王塞尔维乌斯 · 图利乌斯也在统治 44 年后被其亲生女儿塔利娅和女婿卢修斯 · 塔奎尼乌斯 · 苏佩布斯暗杀。图利乌斯精心规划了多项改革，是一位受人爱戴的国王。苏佩布斯说服元老院推举他成为罗马第七位也是最后一位国王。罗马史上最臭名昭著的统治由此开始了……

罗马共和国
公元前 509 年—公元前 27 年

罗马共和国成立
公元前 509 年

在人们推翻君主制且驱逐卢修斯·塔奎尼乌斯·苏佩布斯后，元老院建立了新的共和国。在新的政体下，两位“执政官”作为最高掌权者共同治理国家，每个执政官任期一年。共和制政体确立后，元老院和市民会议被赋予新的权力，公民权和公民影响力逐渐凌驾于统治国家的法律之上。根据法令，罗马永不承认国王，并选举卢修斯·尤尼乌斯·布鲁图斯和卢修斯·塔奎尼乌斯·科拉提努斯为第一任联合执政官。

◁ 左边是卢修斯·尤尼乌斯·布鲁图斯，他被扈从（行政长官的保镖）簇拥着

席尔瓦·阿西亚之战
在席尔瓦·阿西亚战役中，共和军与被废黜流放的塔奎尼乌斯国王的忠实拥护者狭路相逢。塔奎尼乌斯的部队兵败将亡，但卢修斯·尤尼乌斯·布鲁图斯也在战斗中丧生。
公元前 509 年

贵族和平民通婚合法化
另一项旨在培养高级贵族和普通平民之间平等意识的举措是两个阶层之间通婚的合法化。
公元前 445 年

509 BCE　501 BCE　449 BCE　445 BCE　443 BCE

公民大会被赋予新的权力
随着民主意识的日益增长，罗马公民大会（以前被称作市民大会）拥有了协助制定罗马法律的权力。
公元前 449 年

设立执政保民官
设立执政保民官的办事处。这是一个由 3 个委员所组成的机构，他们手握执政官之权，解决平民和贵族之间的权力纷争。
公元前 443 年

元老院颁布独裁官制度
公元前 501 年

尽管过去一人独揽大权的政体让这个国家举步维艰，但元老院还是决定出台紧急状态法，在出现危机时向个人授予临时最高行政权力，即元老院终极决议。萨宾人入侵的威胁迫在眉睫，此时，元老院从提图斯·卢克莱修和普图姆斯·科弥尼乌斯·奥卢斯中推选前者就任独裁官。

△ 萨宾人与罗马之间旷日持久的对抗

塞农人洗劫罗马

公元前 390 年

公元前 390 年，罗马遭受了有史以来最严重的国难——塞农人进军罗马并将其洗劫一空。塞农是一个入侵意大利北部的高卢部落，据传，7 月 18 日，罗马人与塞农人开始交锋。尽管罗马人在对抗蛮族时取得了成功，但凶悍的塞农人几乎将他们彻底击溃，塞农人长驱直入，攻入罗马。塞农人发现，这座城市基本上没有设防，然后便开始杀戮城内的老者，将建筑夷为平地，尽其所能地掠夺一切。最后，一个叫卡米卢（Camillus）的罗马将军带着一支救援部队到达，彻底击败了塞农人。

△ 罗马人不得不在卡米卢和他的军队到达之前向塞农人行贿以恳求他们离开

罗马士兵开始挣工资

在罗马史中，得益于军队长期侵略所获得的财富，罗马士兵第一次拥有稳定的工资收入。

公元前 396 年

第一任平民裁判官

尽管贵族和平民之间存在着政治斗争，但第一任平民裁判官还是出现了。

公元前 337 年

396 BCE　390 BCE　337 BCE　293 BCE　225 BCE

进行罗马人口普查

公元前 293 年前后，监察官进行了一次官方性质的人口普查，结果显示，罗马的人口已经膨胀到大约 30 万人。

公元前 293 年

△ 这对高卢人来说是一个巨大的损失，大约有 4 万人被杀，另外 1 万囚犯被卖作奴隶

罗马成功阻止高卢人入侵

公元前 225 年

公元前 225 年的泰勒蒙战役阻止了高卢人即将发动的大规模入侵。罗马与意大利北部少数高卢部落缔结了和平契约。然而，一个新的高卢联盟却漠视这一条约，挥师进入意大利北部的罗马。在执政官盖乌斯·阿提利乌斯·雷古鲁斯（Gaius Atilius Regulus）和卢修斯·埃米利乌斯·帕普斯（Lucius Aemilius Papus）的指挥下，罗马军队向泰勒蒙进军，击败高卢人，扩大了罗马的影响力。

阿劳西奥战役

公元前 105 年

罗马在阿劳西奥战役中遭遇了最糟糕的军事败绩之一，这场战役是执政官之间关系的转折点，也是许多重要改革的开端。战役之初，庞大的高卢部落辛布里人迁徙经过高卢，导致了部落间的等级平衡被打破。随着辛布里人的数量不断增加，由执政官昆图斯·塞维利乌斯·凯皮奥和执政官尼亚斯·马利乌斯·马克西姆斯指挥的两支军队抵达高卢与之会面。然而，两位领导者之间的战术分歧带来了灾难性的后果，导致超过 10 万罗马士兵丧生。

△ 阿劳西奥的失败给罗马敲响了警钟，并开启了重要改革

马其顿省成立
在与罗马进行了一系列长期战争之后，马其顿部落的土地最终被纳入共和国，并成为罗马的一个省。
公元前 146 年

同盟者战争
当一系列罗马市民（统称为拉丁人）反抗罗马与其盟国之间在土地所有权和财富上的不平等时，同盟者战争爆发了。
公元前 91 年—公元前 88 年

146 BCE — 121 BCE — 105 BCE — 91 BCE — 73 BCE — 59 BCE

第一次元老院终极议决
公元前 121 年，元老院通过了第一次元老院终极议决，授予执政官卢修斯·奥皮米乌斯紧急权力去击败盖乌斯·格拉古军队。
公元前 121 年

前三头同盟形成
前三头同盟是由罗马 3 个最有权势的政治家（盖乌斯·尤利乌斯·恺撒、庞培和马库斯·李锡尼·克拉苏）组成的。
公元前 59 年

△ 斯巴达克斯的叛乱对未来几十年的主奴制产生了影响

第三次奴隶战争开始

公元前 73 年

斯巴达克斯领导的第三次也是最后一次奴隶起义，是唯一一次威胁到罗马自身稳定性的奴隶起义。一群逃跑的角斗士拉帮结派，这些奴隶希望得到真正的自由。在角斗士斯巴达克斯的领导下，寸兵尺铁的叛军在罗马指挥官马库斯·李锡尼·克拉苏镇压起义之前，击败了一些罗马军队。

恺撒被暗杀
公元前 44 年

△ 恺撒的死亡导致了内战和帝国的形成

在被暗杀之前，尤利乌斯·恺撒已经从执政官和前三头同盟成员一跃成为这个国家最有权势的人。他并不是人们认为的皇帝，而是一个执政官，他在公元前 49 年被元老院票选为执政官，然后又在公元前 45 年再次当选。随后，元老院通过了一项表决使他成为终身独裁官，这一结果使许多没有投赞成票的议员担心恺撒会自立为王。3 月 15 日，一场阴谋在历史舞台中上演。恺撒被他的盟友背叛，在庞培剧院被刺死。

埃及省成立

公元前 30 年前后，埃及在北非的统治地位逐渐减弱，最后被罗马纳入版图之中，成为罗马的一个省。

公元前 30 年

44 BCE　30 BCE　27 BCE

△ 元首制给人一种共和时代的假象，但实际上奥古斯都拥有几乎所有的权力

奥古斯都称帝
公元前 27 年

在舅祖父尤利乌斯·恺撒死后，盖维斯·屋大维（Gaius Octavius）与马克·安东尼（Marc Antony）和马尔库斯·埃米利乌斯·雷必达（Marcus Aemilius Lepidus）组成了后三头同盟来寻找刺客。联盟最终引发了内战。雷必达最终被流放，马克·安东尼在亚克兴战役（Battle of Actium）中失败后自杀。元老院授予奥古斯都终极执政权，随后，奥古斯都开始为元老院设计组织框架，这就是元首制和帝国的开端。

罗马帝国
公元前 27 年—公元 476 年

罗马征服不列颠
公元 43 年

自公元前 55 年恺撒第一次入侵不列颠以来，罗马人与不列颠各部落的贸易关系在克劳狄皇帝彻底征服不列颠之前都相对稳定。然而，卡图维勒尼人已经取代特里诺万特人成为不列颠东南部最强大的王国。雄心勃勃的卡图维勒尼人开始侵占效忠于罗马的阿特雷巴特人的土地，此举迫使罗马出兵平定不列颠。这场战争最终将罗马人带到英格兰和苏格兰。

元老院授予奥古斯都新头衔
屋大维成为罗马的绝对统治者，元老院授予他奥古斯都、王者和第一公民的头衔。
公元前 27 年

罗马大火
据传，烧毁罗马大部分基础设施的大火实际上是尼禄皇帝自己制造的。但尼禄将责任推给基督徒，并最终导致了一场血腥的清洗运动。
公元 64 年

27BCE　43 CE　60 CE　64 CE　80 CE

布迪卡于不列颠起义
罗马不列颠最大的叛乱之一是由爱西尼女王布迪卡领导的。虽然她有一支 10 万人的军队，但最终还是战败了。
公元 60 年

罗马斗兽场完工
公元 80 年，有史以来最大的圆形竞技场终于在罗马城中心完工。它可以容纳 5 万名观众，是罗马人民对血腥运动无尽热情的象征。
公元 80 年

◁ 尽管不列颠为罗马帝国提供了可观的资源，但它也是一片难以掌控之地

安东尼大瘟疫袭来
公元 165 年

安东尼大瘟疫（可能是天花的一种，也可能是早期的麻疹）是罗马有史以来最严重的流行病之一，它最终夺去了 500 多万罗马人的生命。人们认为瘟疫是从近东回来的军队带来的。这场肆虐了大约 15 年的瘟疫甚至夺走了皇帝卢修斯·维鲁斯的生命。

△ 瘟疫最严重时，每天会有约 2000 名罗马人死亡

三世纪危机
三世纪危机是一场长达半个世纪的内战和动乱，在此期间共有 26 人加冕为帝，罗马分裂成 3 个不同的国家。
公元 235 年

瓦勒良皇帝被俘
这是一起震惊整个罗马帝国的大事件：瓦勒良皇帝在与波斯帝国萨珊王朝的战斗中被俘，最终死于囹圄之中。
公元 260 年

122 CE　165 CE　235 CE　238 CE　260 CE　293 CE

开始修建哈德良城墙
为了阻止苏格兰和不列颠北部的蛮族，哈德良皇帝下令修建一道城墙。这道城墙被称为哈德良长城，一直保留至今。
公元 122 年

迦太基之战
忠于共治皇帝戈尔迪安一世及其子戈尔迪安二世的军队被属于马克西米努斯　特拉克斯皇帝的军队摧毁。戈尔迪安一世被杀，戈尔迪安二世自杀。
公元 238 年

△ 四帝共治一直持续到公元 313 年前后，那时，大多数领导人或已死去或被暗杀

戴克里先设立四帝共治制度
公元 293 年

在经历了近 50 年的混乱、内战和分裂之后，元老院承认政治家戴克里先为皇帝，随后，这位新帝建立了一种新的治理模式——四帝共治。戴克里先与其他 3 位共治皇帝一起，将罗马帝国划分为 4 个独立的辖区，每个皇帝都会单独负责其中一个辖区，辖区之间相互合作，共创繁荣。这一概念一度被证明是成功的——每个辖区都有自己的首都和常备军。然而，尽管这是一个联合性质的国家，但戴克里先依旧是最高领导人。

君士坦丁成为第一位信奉基督教的皇帝

公元 306 年

基督徒与罗马宗教的共存并不和谐。事实上，在戴克里先统治期内，基督教社区被妖魔化并遭到清洗。然而，当君士坦丁成为唯一的皇帝时，一切都改变了。他着手改革国民心态，于公元 325 年主持了第一次尼西亚公会议并召集主教会议，建立了现代基督教的共识。

△ 君士坦丁的改革永久地改变了罗马，包括设立一种新的货币来对抗通货膨胀，并将首都迁往拜占庭

首都从罗马迁至君士坦丁堡

这是君士坦丁大帝对罗马价值观的系统性变革的一部分。他放弃了罗马，在如今的伊斯坦布尔建立了他的新首都君士坦丁堡。

公元 330 年

306 CE

330 CE

395 CE

书中地图系原文插附地图

罗马被分为两个帝国

公元 395 年

君士坦丁堡方面欲在东方的拜占庭帝国统治罗马帝国，由此导致的一个直接结果就是这个国度将在两个帝国行政机构之下运转。狄奥多西一世皇帝在临终前将帝国分与两个儿子继承，罗马帝国分裂为东、西罗马帝国。阿卡狄乌斯成为东拜占庭帝国的奥古斯都，他的兄弟霍诺留成为西罗马帝国的奥古斯都。对罗马人来说，他们的国家并没有被分裂，相反，东、西两个独立的政府共同管理国家成了一种常态。

△ 在一段时间内，西罗马帝国的统治权落在了摄政王斯提里科的手中。之后，他的无能导致他在公元 408 年被捕并遭到杀害

西罗马帝国沦陷

公元 476 年

到了 5 世纪中叶，西罗马帝国已呈日薄西山之态。皇帝不再拥有昔日的权力和地位，帝国也缺乏东方拜占庭帝国的稳定性。现任皇帝罗慕路斯·奥古斯都在一年前由他父亲任命为皇帝，但此举并没有得到人民或元老院的支持。随后，军事指挥官奥多亚塞发动叛变，废黜皇帝。在元老院的支持下，奥多亚塞成为意大利的第一位国王。

▷ 罗马已经走完了一个完整的历史闭环。随着传统帝国的衰落，君主制得以重建

西哥特人洗劫罗马

罗马被西哥特人洗劫一空。这是 800 年来罗马第一次被敌人成功占领。由国王阿拉里克领导的西哥特人几乎将此地夷为平地。

公元 410 年

410 CE

476 CE

“罗马帝国走在时代的前方，即使是黑暗时代也没有消除它留下的印记”

罗马帝国留下的深远影响

罗马王国、共和国和帝国都非常强大。即便在今天，我们也可以看到罗马在历史长河中留下的独特印记。不论在语言还是基础设施方面，罗马帝国是一个远远领先于时代的国家，即使是黑暗时代的倒退岁月也未能消除它的印记。

拉丁语是帝国的官方语言，它并没有随着王国的消亡而消亡，而是一直蓬勃发展。它被认定为天主教会的官方语言，同时也是科学界用来描述客观事实的语言。我们可以从英语、德语、荷兰语和许多其他现代方言中找到它的身影。

我们如今的历法结构和风格也都归功于罗马人——他们创造了儒略历。这份历法由恺撒引入，将一年 365 天的时间划分为 12 个月。也正是罗马人将 1 月定为新一年的开始，同时每 4 年增加一个闰年。

罗马人还将每周定为 7 天，用行星的名字给其命名（除了起源于基督教的星期日）。罗马的民主政体和法庭在无数国家中仍然可见；同时，罗马在君士坦丁大帝的统治下信奉基督教，成为天主教的家园。除此之外，罗马人通过使用下水道、渡槽和道路向世界各地展示如何修建持久的基础设施。

布拉夫手册：罗马共和国的陷落

Bluffer's guide

欧洲，公元前 133 — 公元前 27 年

尤利乌斯·恺撒
从未做过皇帝，
在公元前 44 年被暗杀之前，
他称自己为
“终身独裁官”。

△ 马克·安东尼与屋大维在亚克兴海战中的胜败决定了罗马共和国的命运

罗马共和国是如何陨落的？

罗马共和国经历了几个世纪的和平与繁荣，在地中海几乎不受限制地进行扩张。但在公元前 133 年，据称是在元老院的支持下，提比略·格拉古被谋杀。从此罗马陷入了危机。接下来的几年里，由于政界人士斗争不断，社会变得动荡不安。盖乌斯·马略，一位成功的军事将领，于公元前 107 年当选为执政官。

公元前 88 年，马略的财务官卢修斯·苏拉挑战权威、反攻罗马。在他的恐怖统治下，平民的权益被剥夺殆尽。

公元前 78 年苏拉去世后，格涅乌斯·庞培（Gnaeus Pompeius）即“伟大的庞培”接任，他后来与马库斯·克拉苏和尤利乌斯·恺撒成为罗马的三头同盟。

庞培和恺撒在各自的阵地中迅速站稳了脚跟，引发了一系列内战。公元前 27 年，屋大维（恺撒的继承者）成为罗马帝国的第一位皇帝，从此宣告罗马共和国灭亡。

带来了什么后果？

罗马共和国的陨落见证了民主制度的衰败，该制度自公元前 509 年建国之时推翻君主制以来，一直在执行。

国王这一头衔被取消后，设置了执政官并由两个人担任。元老院的权力变得更大，选举产生的保民官代表平民权利。但是，这种治理方式随着共和国的灭亡而发生改变。

公元前 1 世纪的罗马饱受社会动荡和军事投机的困扰，恺撒最终夺取政权，顺应人民要求终结了这种统治制度。恺撒贪婪的野心将让他走向毁灭，他的继承人屋大维迅速接过权杖并于公元前 27 年建立皇权，直至公元 476 年西罗马帝国灭亡。

由提比略·格拉古遇害案引发的系列事件，最终导致了罗马共和国的没落。

133 BCE

107 BCE

盖乌斯·马略将军成为执政官，并取消了对参军之前个人财产的要求。

叛乱过后，苏拉在科林门战役中击败了马略的支持者余部，以确保权威。

17 MARCH 45 BCE

17 MARCH 45 BCE

恺撒以在西班牙蒙达取得的决定性胜利结束了内战，成为罗马的统治者。

谁参与其中?

卢修斯·苏拉

公元前 139—公元前 78 年

公元前 82 年起，苏拉以独裁官身份开始巩固自己的绝对权力，清除政敌，剥夺其他人的权力。

尤利乌斯·恺撒

公元前 100—公元前 44 年

在蒙达战役中清除了庞培部队的残余后，恺撒控制了罗马，并最终成为独裁官。

奥古斯都皇帝

公元前 63—公元 14 年

屋大维在亚克兴之战中战胜马克·安东尼后，便继续掌权，后来成为罗马的第一位皇帝。

恺撒刚刚宣布自己为终身独裁官，就被众元老刺死。

15 MARCH 44 BCE

16 JANUARY 27 BCE

恺撒·奥古斯都成了恺撒的继承人，他在 4 年前罗马共和国的最后一战中击败马克·安东尼的部队。

高卢

这或许是恺撒有史以来最伟大的胜利，公元前 52 年，阿莱西亚之战的胜利标志着高卢战争的结束。敌人躲在阿莱西亚的山顶堡垒里，恺撒没有选择攻打堡垒，而是选择在堡垒周围筑起围墙和战壕，对其形成严密封锁，对其施以饥饿战术。

特雷比亚

特雷比亚战役是第二次布匿战争中的第一场主要战役，即公元前 218 年 12 月罗马共和国和迦太基汉尼拔军队之间的战争。这对汉尼拔来说是一个胜利，因为他成功地激起敌方将军发起正面进攻，诱其将军队带入自己的陷阱中。

罗马帝国的崛起

The rise of the Roman Empire

罗马是如何通过谈判和掠夺成为西方人口最多的国家的呢？

“公元 1—2 世纪，
帝国的面积在图拉真的统治下达到了最大，
超过 500 万平方千米”

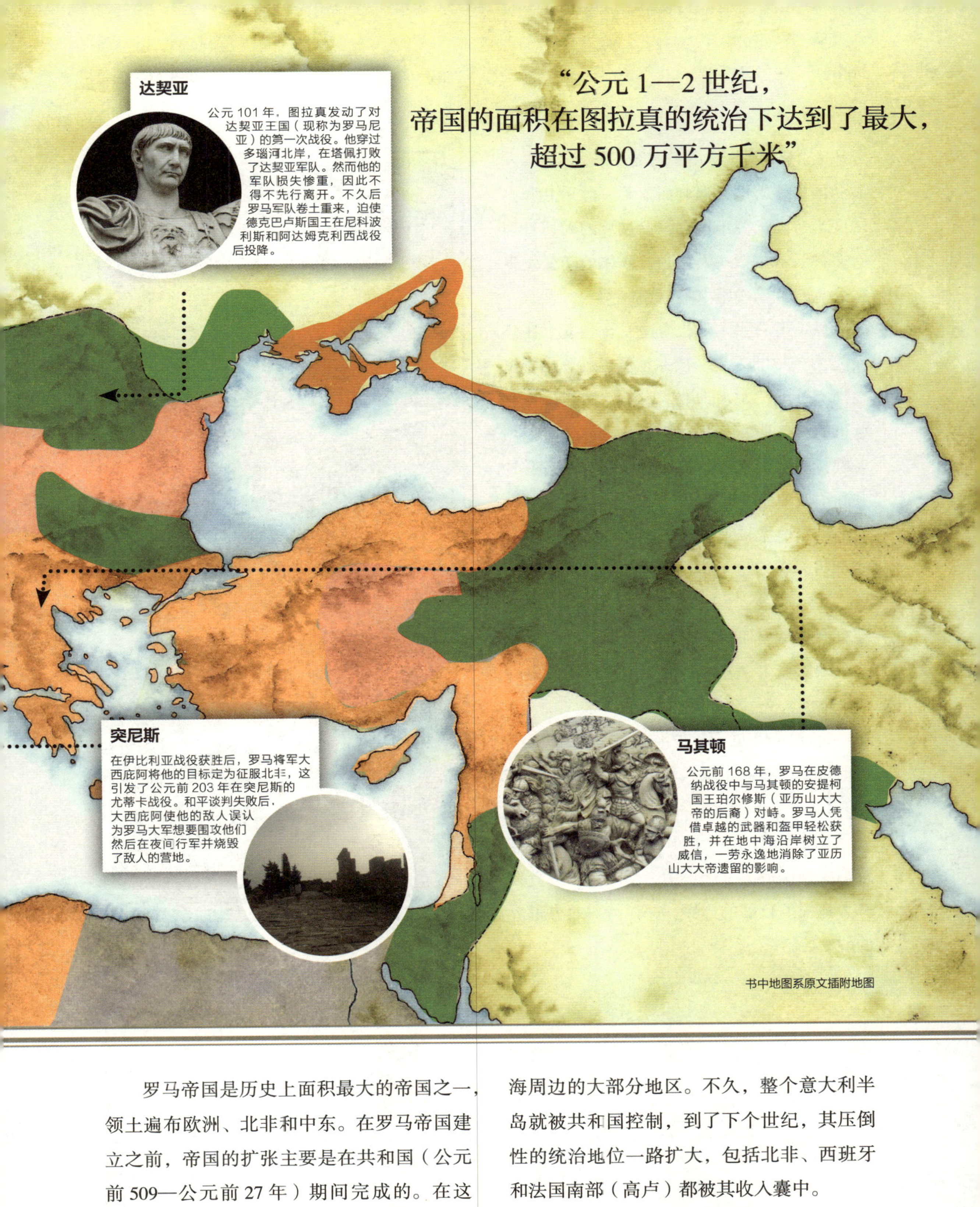

达契亚

公元 101 年，图拉真发动了对达契亚王国（现称为罗马尼亚）的第一次战役。他穿过多瑙河北岸，在塔佩打败了达契亚军队。然而他的军队损失惨重，因此不得不先行离开。不久后罗马军队卷土重来，迫使德克巴卢斯国王在尼科波利斯和阿达姆克利西战役后投降。

突尼斯

在伊比利亚战役获胜后，罗马将军大西庇阿将他的目标定为征服北非，这引发了公元前 203 年在突尼斯的尤蒂卡战役。和平谈判失败后，大西庇阿使他的敌人误认为罗马大军想要围攻他们然后在夜间行军并烧毁了敌人的营地。

马其顿

公元前 168 年，罗马在皮德纳战役中与马其顿的安提柯国王珀尔修斯（亚历山大大帝的后裔）对峙。罗马人凭借卓越的武器和盔甲轻松获胜，并在地中海沿岸树立了威信，一劳永逸地消除了亚历山大大帝遗留的影响。

书中地图系原文插附地图

罗马帝国是历史上面积最大的帝国之一，领土遍布欧洲、北非和中东。在罗马帝国建立之前，帝国的扩张主要是在共和国（公元前 509—公元前 27 年）期间完成的。在这段时间里，罗马的控制范围从城市周边扩展，通过结成联盟或以暴力夺取领土来控制地中海周边的大部分地区。不久，整个意大利半岛就被共和国控制，到了下个世纪，其压倒性的统治地位一路扩大，包括北非、西班牙和法国南部（高卢）都被其收入囊中。

到公元前 1 世纪末，共和国的领土已经扩大到包括法国、希腊和地中海东部的大部分地区。然而那时，由于内部斗争，内战爆发，共和国最终因恺撒遇刺而落幕，此后共和国转变为帝国。关于这次政治过渡的确切日期有多种版本。一些人认为，政体的转变发生在公元前 44 年恺撒被任命为“终身独裁官”的时候；另一些人则认为这一转变发生在公元前 31 年，即马克 · 安东尼和克利奥帕特拉在阿克苏战役中被击败的时候。然而，普遍认可的观点是，当屋大维在公元前 27 年被元老院授予特别权力并采用了奥古斯都头衔时，共和国就已经结束了。

虽然恺撒带来了帝国的诞生，但在奥古斯都统治时期，帝国并没有急于扩张领土。奥古斯都于公元 14 年去世，对帝国的行政管理有所贡献。他在统治时将帝国内的人员和地名编入目录，并向公众展示了已知世界的详细地图。

公元 1—2 世纪，罗马帝国在图拉真皇帝的统治下达到了最大疆域，领土面积超过 500 万平方千米，相当于 40 个现代国家的大小。公元 476 年前后，帝国开始崩溃。在东罗马帝国继续统治的上千年中，罗马帝国一直在努力地捍卫自己的边界，并保持对西方世界的政治控制。

罗马的扩张

罗马是怎样随着时间的
推移建立、发展
并征服他国的？

公元前 5 世纪	意大利半岛
公元前 4 世纪	苏丹
公元前 4 世纪	突尼斯
公元前 4 世纪	摩洛哥
公元前 4 世纪	法国南部
公元前 4 世纪	西班牙
公元前 1 世纪	法国北部
公元前 1 世纪	希腊
公元前 1 世纪	今土耳其一带
公元前 1 世纪	埃及
公元 1 世纪	不列颠
公元 2 世纪	达契亚（罗马尼亚）
公元 2 世纪	亚美尼亚
公元 2 世纪	色雷斯（保加利亚）

恺撒生前的
罗马共和国领土
（公元前 44 年）

奥古斯都生前的
罗马帝国其他领土
（公元 14 年）

图拉真生前的
罗马帝国其他领土
（公元 117 年）

护家神和家庭信仰

Dining deities and spirits of the pantry

神祇、神殿和家庭信仰：在罗马人的日常生活中，宗教是什么样子的？

以现代人的眼光来看，我们会觉得这件事很奇怪，但对古罗马人民来说，宗教是最重要的，它是日常生活中不可或缺的重要组成部分，神控制着发生在个人身上和国家之上的一切。无论事情好坏，古罗马人用这些变幻无常的神之行为来解释发生的一切。因此，从奴隶到皇帝，以及介于两者之间的每一个人，都把大量的时间和精力花在宗教实践上也就不足为奇了。事实上，罗马人作为一个整体，对自身高度的集体虔诚感到自豪。他们认为，罗马帝国之所以能够成功地不断扩张，是因为他们有一种天赋，能满足众神的要求，让众神站在他们这边。罗马一开始是一个多神论的社会，人们需要做很多工作来愉悦众神，让他们保持快乐，因为激怒神并失去神宠的后果是个人或帝国无法想象的。那么罗马人是如何保持这种微妙的平衡的呢？

> 至今仍能在英国发现罗马宗教曾经存在的证据：圣保罗大教堂建在戴安娜神庙的遗址上。

随着宗教渗透到古罗马日常生活的方方面面，宗教仪式从罗马文化和经验的重要中心家庭中开始成型。因此，家庭内部的私人崇拜是所有罗马宗教生活的基础，也是对帝国幸福感贡献的集体虔诚，究其根源，便是每个家庭的私人宗教信仰。

“宗教仪式始于罗马文化
和经验的重要中心——家庭”

△ 萨图尔诺农神庙雄伟地耸立在古罗马广场上，有些人认为那里是西方文明的发源地

◁ 在庞贝城废墟中发现的来自维蒂兄弟联排别墅中的罗马家庭神龛

◁ 位于庞贝城的韦斯巴芗神庙之祭坛。庙前的祭坛是节日期间举办仪式的重要地点

每户人家都会有一个神龛，供奉那些很重要的神。对于罗马人来说，神不是遥不可及的，他们存在于日常生活中。户主负责领导并指挥举行宗教仪式，在家中扮演神父的角色。神像会被放在神龛里，在特殊的场合，圣餐仪式会以神的名义举行。人们相信，神确实出席并享受了这场宴席，会把神当作贵宾对待，并为神安排专有座位和食物。

影响人们日常生活的不仅仅是神明，对家庭来说，最重要的是位于住处和家庭中的神灵。这些神灵将家庭成员紧密相连，给予他们应有的荣誉，并认可他们的存在对于一个家庭的和谐生活来说至关重要。家里有各种各样的神灵：护家神是当地产生的灵，或者是死去的祖先的灵；这些灵的塑像会被安置在家中的一个柜子里，人们相信，只要他们心情舒畅，就会保佑家里的人过得很好，同时人们也坚信灵会经常和家里人一起用餐。家神是家庭中另一种重要的灵，他们可以确保食物不腐、年年有余。也有一些不太友好的灵会出现在房子里，比如狐猴，这些恶灵会给家庭成员带来折磨。人们认为，如果护家神感到委屈或认为自己没有得到应有的尊重，就可能成为这种类型的神灵。

另一种在罗马宗教生活中非常重要的仪式是公共宗教仪式。这种仪式与家庭内部的宗教崇拜不同，形式多样。公众对帝国的崇拜是一种更受控且更正式的事情，因此公共宗教仪式通常在专门建造的神庙中举行，展现了罗马及其诸神的荣耀。每个城镇都至少有一座神庙，而罗马本身也有许多神庙，包括朱庇特神庙、维斯塔神庙、卡斯托尔神庙和波吕克斯神庙，以及韦斯巴芗神庙。庙宇内供奉着罗马万神殿的12位主神以及其他重要的神，如雅努斯、弗洛拉和普鲁托（冥王）。这些神庙的位置进一步突出了宗教仪式在罗马生活中的重要性，它们通常建造于显眼的位置，如古罗马广场或主干道的边上。

在奥古斯都统治期之后，已故的皇帝被赋予神圣的地位，与其他神一起受到民众的祭拜。

在每座神殿内，受供奉之神的神像位于主厅或大殿内。一些神殿被用来参拜多个神。在这种情况下，每个神都会有一个单独的以他或她的名字命名的大殿，里面有这个神的神像。人们相信，圣殿所供奉的神实际上居住在圣殿内，而大殿是神的生活场所，并不只是一个纯粹的象征。每个人祈祷内容的不同将决定他们祈祷的神殿的不同。例如，那些为有关战争事宜祈祷的人会前往玛尔斯（战神）神殿，而那些想收获爱情或得到恋爱帮助的人会去祭拜维纳斯。尽管神殿修建

“公众对帝国的崇拜是一件安排更为精心且更正式的事情，因此公共宗教仪式通常在专门建造的神庙中举行”

▽ 一位新的灶神守护祭司于维斯塔神庙的永恒圣火前诞生

庆祝之时

古罗马人民喜爱他们的节日，
以下节日只是众多节日中的一部分

牧神节

庆祝生育

每年的2月15日便是牧神节。在罗慕路斯与雷穆斯生活的山洞里，人们宰狗宰羊。两队穿着山羊皮的男孩身上涂着鲜血，然后男孩们拿着羊皮鞭沿着固定路线奔跑，一边跑一边鞭打围观的人。希望怀孕的妇女会聚集在街道两旁，祈望羊皮鞭抽打到她们头上。

祭典

为了纪念保护家庭的护家神

它是罗马最重要的节日之一，在12月底或1月初的3天举行。人们在十字路口留下祭品，奴隶们在这日可以随心所欲地做自己想做的事情。门阶上放着木质塑像，以此安抚护家神，祈求他们护佑自家。

康苏斯节

仓神康苏斯的节日

这是一个8月的节日，由最高祭司和女祭司共同主持。人们将丰收的第一批果实摆放在全新的圣坛上献祭给康苏斯。为了纪念康苏斯，人们还举行战车比赛和运动赛事，需要劳作的家畜也在这天休息。

侍女节

侍女们的盛宴

侍女节的日期据说是7月7日，这个节日是为了纪念一个名叫菲洛蒂斯的侍女，她利用一棵燃烧的无花果树打败了拉丁军队。为了庆祝这个节日，罗马的女奴会穿上她们最好的衣服，用无花果树枝敲打自由民。

得十分宏伟，但宗教仪式和祭祀仪式实际上是在外面举行的。神殿正面的柱子突出了这一点，它们吸引人们注意祭坛。

宗教仪式是否能正确奉行十分重要，故而罗马的公共宗教仪式是由重要的祭司主持的。祭司有许多职责，其中就包括主持仪式和游行、主持祭祀、解释预兆和宣布节日。不同类型的祭司承担着不同的职能和责任，其中大祭司是最重要且最有影响力的。罗马人民和他们的神之间的关系十分错综复杂，但本质上建立在一系列交易之上。敬拜者会向神灵索取一些东西，如果神灵按照他或她所要求的去做，他或她会付出一些回报。为了追求一个更好的结果，祭品可以是酒或食物，或者是奉上帝之名准备的其他祭品，这些祭品被认为可能会让供奉之人得到好结果。祷告非常重要，无论是在私人礼拜还是在公众礼拜中，没有祷告的仪式或祭祀都被认为是无效的。然而，其实只凭借祈祷确实也可以达成心愿。

每个人都参与帝国的宗教生活，奴隶和妇女等社会地位较低的人也可以参加。事实上，有些仪式只有女人才能主持，而罗马的处女们至今仍被人们

△ 显示祭品准备过程的大理石碎片，可追溯到公元前 2 世纪

制作祭品

在罗马公众参拜的壮观场面中，祭祀是罗马宗教仪式的一个重要组成部分。人们将动物作为主要的祭品，不同的动物被献给不同的神。一只小母牛就足以供奉朱庇特，但贪婪的玛尔斯却需要一只羊、一头猪和一头牛，然后才同意与凡人进行交易。

制作祭品的过程非常复杂。在经过祈祷、分享葡萄酒和一个漫长的仪式之后，动物会被杀死剥皮。接下来，人们将动物剖开检查内脏并对未来做出预测。动物的一部分会被留给神灵享用，剩下的部分则被烹调供在场之人进食。

通常情况下，充当祭品并不一定会导致动物的死亡。祭品唯一的要求就是它必须是活的，葡萄酒、奶酪、水果甚至面包屑也可以用作替代品。公元前 1 世纪通过了一项法律，禁止用人类献祭，这意味着人祭在以前是存在的。

铭记。妇女不使用动物祭祀，她们在公共宗教生活中的作用普遍有限。

罗马人有许多具有宗教意义的日子，在帝国历史的某些时期，日历上的圣日比非圣日还要多。其中一些节日只持续几个小时，而其他节日，比如农神节可能差不多会持续一周。每个神都有独属于自己的节日，这一天也可能是一个公共假日。

除了帝国承认的“官方”宗教外，国家内部还存有其他一些异教和宗教。其中之一是崇拜和神化皇帝的帝王崇拜。还有一些“神秘”宗教是从罗马人征服的地区引进的，比如密特拉教。当然，基督教是这些“外来”异教和宗教中最有影响力和最普遍的一个，它在公元前 4 世纪成为帝国的官方宗教，至少在形式上结束了古老神教的仪式活动。

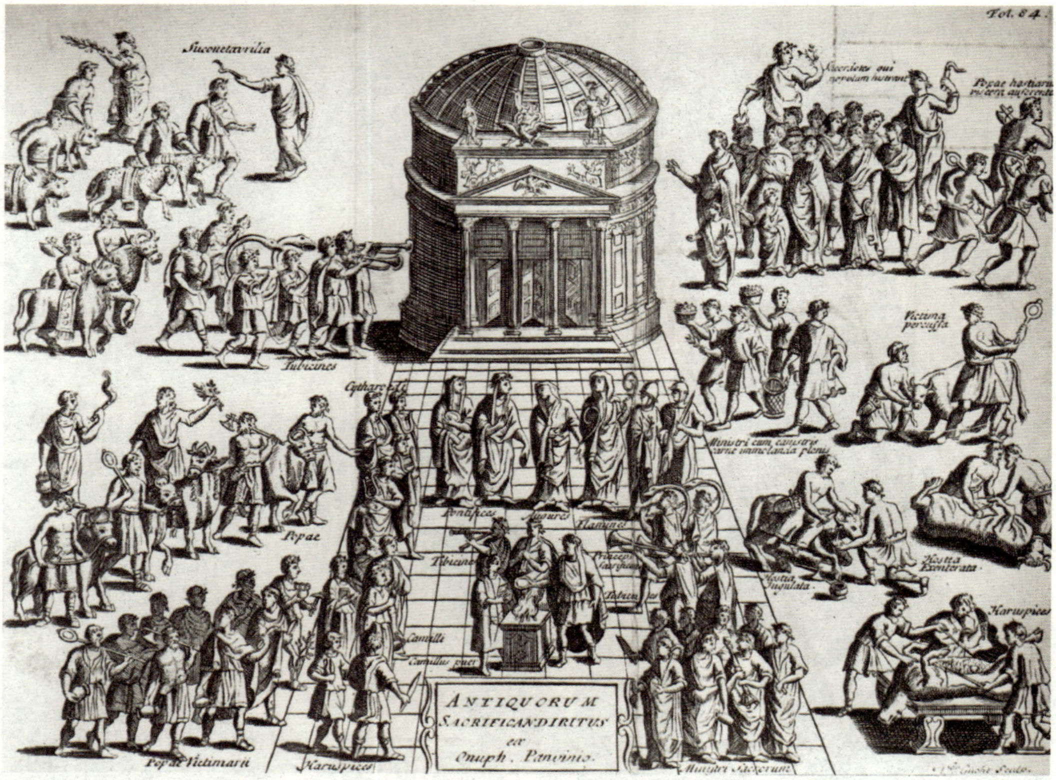

△ 罗马万神殿外。在公元 200 年前后，此地正在举行一场祭祀仪式和游行，人们为此宰杀了公牛、绵羊和猪

祭司对帝国的宗教福祉至关重要。以下是一些祭司类别

圣王

他们最初的目的是用罗马共和国的曙光取代以前罗马国王所扮演的宗教角色，圣王（Rex Sacorum）中的 Rex 这个词提醒人们他们地位的起源。这些祭司不能担任公职，因此元老院禁止他们任职，以此削弱他们的权力。他们后来负责宣布历法上的宗教节日。

昆迪基姆维尔

昆迪基姆维尔担负着守卫《西卜林书》的重要任务，这些书籍包含了有关帝国命运的预言。人们在重要时刻向他们征求意见，询问要做的事情。他们还负责将所有传入罗马的外来神与本土神合并。

“建造神殿可以表达胜利后对神的感恩之情，也可以被视作保障成功交易的砝码”

△ 在罗马奥古斯都广场发现的描绘母亲和孩子的还愿诗

大祭司

在最高祭司的监督下，大祭司们负责举办日常公共仪式。他们是公共仪式的总监督人，也是四大祭司团体中最杰出的，他们可以任命其他祭司团的成员。

占卜官

占卜官通过解释鸟类的飞行路线来占卜，他们会从战斗到贸易再到宗教领域，预测一个行动是会成功还是失败。占卜官还对被献祭动物的内脏加以解释，确定神的意愿，以便人们能够采取相应的行动。

专神祭司

这些祭司为某个特定的神或女神奉献终身，他们负责照管他们所代表的神的殿宇。最重要的专神祭司是朱庇特祭司、玛尔斯祭司和奎里努斯祭司。一些人认为专神祭司是罗马最古老的祭司，他们往往终身任职。

△ 战神玛尔斯的雕像：献给这位神的节日主要集中于以他的名字命名的三月

△ 恺撒的崛起及其死于元老院的暗杀，是导致元老院最终失势的众多因素之一

元老院的诞生

Birth of the Senate

从权力末端到与皇权抗衡，元老院代表了人民的声音

1000多年来，罗马一直是历史上最强大的民族国家之一。那是一个军事力量强盛、罗马人不断扩张边境的时代。罗马人在世界各地升起鹰旗，标志着殖民扩张的新纪元。但罗马人不仅在国外威名显赫，罗马元老院还有自己独特的治理形式。元老院是一个由学富五车之人组成的议事会，每个元老都有权在辩论中表达自己的想法。他们在辩论中制定国家法律，决定国家的未来。

元老院被认为是在公元前753年罗慕路斯国王建立罗马王国时建立的。罗慕路斯选择罗马作为他的权力所在地，同时创建了一个新的国家机构，负责处理枯燥繁复的立法和普通的政治基础建设。这就是元老院的开端，在罗马成立之初，它的基本要素就已经形成了。

元老院并不选择普通公民（或平民）作为元老，他们会从该地区最有影响力的家庭中挑选成员作为代表。罗慕路斯最初只挑选了100名成员，但随着更多名人的加入，这一数字很快增加到300。这些人是“贵族”或族长，是贵族家族或“氏族”中最重要的男性。这些贵族及元老院本身，现在还没有它在以后几个世纪所拥有的那么大的权势（在现阶段，它在很大程度上只是君主政体的顾问委员会），但它仍然是一个代表“人民”将声音传递给国王的平台。

在恺撒统治期间，元老院最多可以有900名成员。

罗马王国元老院的存在在共和国成立前的几年里有3个主要目的。首先，它以顾问团的身份为君主服务；其次，它是王国里人民的立法机构；最后，它作为行政权力的最高机构而存在。起初，国王完全可以无视元老院提出的建议，但随着时间的推移，元老院的威望越来越高，君主越来越难以忽视他们的意见。混乱由此而生，无论利弊，这种模式将伴随元老院走过以后的岁月。在这个时候，元老院的影响力，特别是在人民中的影响力之大，部分根源在于罗马社会的父权制性质。王国的长老们受到最高级别的尊敬，这为他们提供了一个极大的权力宝座。甚至在某些方面，国王也要服从元老院的意愿。例如，一位新国王（由人民和元老院选出）只有在元老院事先批准的情况下才能登基。在权力过渡期，所有的行政权力都归属元老院，这使其成为国家内最有权力的机构。

五大著名元老院元老

这座城市的谈资不只有皇帝，
元老院也为罗马培养了一些有趣的名人

马库斯 · 阿格里帕

马库斯 · 阿格里帕是一个不寻常的元老，他奴隶出身，后来成了一个美容师。随后他假扮了许多不同的角色，在伪装上层人士失败后被驱逐。但是他最终被赦免，获得了与自由民一样的权利并被提拔为元老。

奥卢斯 · 伽比尼乌斯

奥卢斯 · 伽比尼乌斯是共和国暮年的杰出人物，他是政治家、将军，也是庞培的支持者。作为一名元老，他在军队中有着传奇的历史。他曾成功地帮助马克 · 安东尼复辟埃及法老托勒密十二世 · 奥勒忒斯。

提留斯 · 辛布尔

提留斯 · 辛布尔是背叛和暗杀恺撒的著名人物之一。他最初是恺撒最有力的支持者之一，但他利用元老院的权力大玩政治游戏，因此他成了分散恺撒注意力的人，这使得刺客们能够刺杀成功。

小加图

小加图也被称为马尔库斯 · 波尔基乌斯 · 加图 · 乌地森西斯，他是一名罗马元老，以其坚忍的本性和可靠而闻名。他拒绝受贿，在元老院被称为伟大的演说家。他被认为是尤利乌斯 · 恺撒的倔强、固执且雄辩的搭档。

马库斯 · 李锡尼 · 克拉苏

作为一名罗马的政治家和将军，马库斯 · 李锡尼 · 克拉苏在罗马从共和国向帝国的过渡中发挥了重要作用。他还以其惊人的财富而闻名。他的死导致恺撒和庞培之间产生了裂痕。

共有7个国王先后推进罗马王国的历史进程，而第七个国王将永远改变王国、王室与元老院的关系。卢修斯·塔奎尼乌斯·苏佩布斯，有时人们也称他为“高傲者”塔奎因（Tarquin the Proud），是个典型的暴君。他通过谋杀夺取王位，且总是滥用权力。他持续征战和痴迷于建造新建筑的行为一直在不断压榨王国的金库。当他的儿子强奸一位贵族妇女的消息传出后，他的人民将他赶下台去。贵族、人民和军队都支持流放国王，废黜王室。

公元前509年，罗马废除君主制，元老院继续保持其顾问委员会的地位。它的规模扩大到300 ~ 500名成员，每个成员都是贵族，在元老院终身任职。共和国不再希望成为个人意志的牺牲品，因此决定设立“执政官”职位。两名执政官每年由人民选举一次，并共同任职。执政官也可以随时命令元老院的成员，但这些行政权力在共和国早期很少被滥用。

随着时间的推移，元老院的权力日益稳固。执政官们负责领导军队，充当共和国的门面，元老院主要负责管理国家的一切事务。元老院处理财政问题、制定和修改法律、监督对违法者的审判，并在公共集会广场就有关民

△ 几个世纪以来，元老的角色各不相同，但元老院总是以顾问的身份向国王、执政官和皇帝提供咨询

众的话题和民众的抱怨展开辩论。正是在这段时间里，我们发现那些没有贵族血统的平民逐渐进入元老院内，然而，上层向他们敞开这扇大门却花了很长时间。

在共和国时代，元老院和执政官之间的关系也变得更加正式。当元老院希望向执政官传达意见时，它会颁发一个元老院法令。尽管这并不是法律明文，但确实有分量，即使是最鲁莽的执政官也会听从劝告。尤其当这些法令涉及罗马的战争时，行政长官必须为除抵御入侵之外的任何军事行动向元老院做出合理解释。这样做是为了阻止任何好战的执政官为了满足其狭隘的虚荣心，发动不必要的战争。

元老院在6世纪的拜占庭帝国中一直保持着一定的权力。

维护国家法律也使元老院对自己的行为有了坚定的道德感。例如，一名在职元老不能介入任何形式的银行往来契约或公共契约，也不能委托或拥有用于外贸的船只。事实上，元老甚至不能离开意大利，这就是他们在罗马存在的重要性。

更有趣的是，元老并没有报酬。这是因为最早的元老院成员十分富有且出身高贵。有人认为，在进入元老院之前，元老通常十分有钱，所以就算平民能成功当选为元老，经济基础薄弱也阻碍了他们在元老院内发声。

因此，元老院要求在其内部设

立一个职位，以执行其成员的道德准则。所以在共和国时期，我们就是在这里看到了“监察官”的诞生。监察官是元老院的政治警察，这些人往往是法庭中最受尊敬的成员。监察官常用来惩罚的罪名包括腐败、滥用死刑和无视其他成员的权利。惩罚方式通常是罚款，但如果案件性质恶劣监察官也会弹劾元老(这意味着他们将被逐出元老院)。

监察机构的设立也对那些申请加入元老院的人提出了新的要求。那些有前科或者曾经作为角斗士战斗过并赢得自由的人通常不被考虑在内（主要是因为这两种背景的人缺少经济支持）。事实上，公元前123年通过了《阿西利亚法》（Lex Acilia repetundarum），这使得任何曾经犯过罪的人都不能成为元老。随着共和国的发展，这类法律变得越来越多，公共腐败迫使元老院在进行筛选时变得更加警惕。

元老院通常在城市内部（统称为城界）召开会议，官方规定元老院不能在距离城

△ 公共集会广场仍然是元老院政治进程的重要组成部分，是一个可以听取问题的平台

市边界一英里以外的地方开会。在城界外开会并不常见，但也曾经发生过。其中大部分是政治性质的，如在城外会见一个新国家的使者，以避免透露过多关于罗马内部防御的信息。

然而，在过去的两个世纪里，元老院的权力基础开始转变。执政官和元老院之间的关系在某种程度上已经退化，因为官方政府机构承担的工作比行政长官更多（从而积累更多的集体权力）。元老院现在可以否决执政官所做的任何决定，他们肆意发声、权势熏天，这种权力让那些处于执政官地位的人深感不安。

随着时间的推移，元老院逐渐发展为一个自治的实体，经常忽视任期一年的诸位行政长官的提案。在此期间，元老院不断扩张权力，到公元前 312 年，选举新执政官的权力完全落入了元老院手中。改革仍在继续，在公元前 81 年，将军兼元老苏拉成功地修改了法律，使财务官（元老院最低级别的行政长官）的人数增加到 20 人，此外，还通过了

元老院的辩论是什么样的？

元老院被设计成罗马治理中最具民主特质的代表机构，考虑到每个成员对某一特定的问题想法不同，每次辩论的时间都很长。首先由首席行政长官介绍讨论的事项，然后开始辩论。每个人都会被要求在他们的元老同僚面前表达意见。

成员的辩论顺序是以成员的职责为基础的，非常具体。顺序如下：选定执政官、首席元老、陈述官、选定监察官、监察官、执政官、选定裁判官、裁判官、选定贵族市政官、贵族市政官、平民市政官、选定平民市政官、选定保民官、保民官、选定财务官、财务官和一般市民。

一旦每一位元老都表达了他们的意见，首席行政长官就必须表达他们的意见（否则将面临罚款）。意见无论长短，都被称为一种“主张”（sententia），是元老院公开表达意见的重要组成部分。然后，一个成员可以通过表达他们同意与否来回应这项判决，或者选择坐在他们旁边以示团结。目前还不知道一个首席行政长官有多大的自由裁量权才能结束辩论，但会议需要在午夜前结束。

元老院受到的限制

元老院所受的权力限制因共和国和帝国而异。在共和国时期，元老院与执政官并存——然而，执政官的权力远远超过元老院，可以为所欲为。虽然这使元老院处于不利地位，但由于执政官最多只能任职两年（而元老院仍然是永久性的），许多执政官常常对元老院的权力持谨慎态度。应该指出的是，元老院在其早期实际上是没有行政权力的。

共和国末期，元老院的权力急剧膨胀。但在帝国统治下，这种权力迅速减少。随着皇帝们不断巩固自己的权力，元老院对财政和司法的控制都受到了限制。皇帝可以随意召集和主持元老院会议，他可以根据自己的喜好挑选元老，并且总是在辩论中第一个发言。

决定性时刻

元老院于公元前 753 年建立

伴随着罗马王国的形成，元老院也随之诞生。因为要与其化身的角色相称，它的成员是来自最有影响力的家族的高级公民，他们将提出需要国家特别讨论的事项。人们认为，罗慕路斯国王可能是第一个设立元老院的人。

第一届元老院由 100 名成员组成，每个成员都来自全国各地有影响力的家族。随着时间的推移，同时也随着元老院在创建和维护法律和政府方面的权力增加，这个数字翻了一倍。

753 BCE — 494 BCE — 341 BCE

时间轴

保民官席位增加
保民官是一个向平民（普通公民）开放的罗马国家职位，由于这个职位广受欢迎，元老院增加了其数量。
公元前 494 年

元老院同意与萨姆尼人和平相处
在与萨姆尼人（一个生活在亚平宁山脉的民族）进行了几十年的战争之后，元老院同意了一项友好条约。
公元前 341 年

◁ 监察官阿庇乌斯·克劳狄是确保元老院严格遵守道德行为准则的人

决定性时刻

公元 68 年，元老院将尼禄定为敌人

尼禄是尤利乌斯－克劳狄王朝的最后一个皇帝，他被认为是罗马最不受欢迎的统治者之一。他的决定和政策不仅疏远了人民和军队，还疏远了元老院本身。许多人都把公元 64 年的罗马大火归咎于尼禄想要建造一座宏伟的宫殿——奥里亚宫。

公元 68 年，尼禄四处躲藏，他得知元老院终于厌倦了他的荒唐行为，宣布他是国家的敌人。他被奉命带到公共集会广场上，然后被打死。

121 BCE　27 BCE　68 CE

第一项元老院终极议决
元老院通过了第一项元老院终极议决，授权执政官卢修斯·奥皮米乌斯击败盖乌斯·格拉古军队的党羽。
公元前 121 年

元老院授予奥古斯都新头衔
奥古斯都，新罗马时代的第一位皇帝，被授予一系列新的国家头衔，包括奥古斯都、威严和第一公民。
公元前 27 年

在共和国的最后几年，其外交政策的立场也发生了变化。最初，元老院对此类事务的处理方式松散随便。但是最终，与外国政要的会晤和涉及罗马海外利益的决定必须经由元老院处理。这个迹象表明，元老院越来越意识到自己作为更有力的国家机器的作用，尽管如此，元老院仍然表现出一种克制感。在这个国家，元老院从来不渴求绝对的权力——例如，宣战和批准条约的权利仍然属于人民。

在罗马帝国崛起之前，元老院的权力和影响力开始减弱。国家那时正因内部冲突而分裂，其中包括关于杰出的陆军将领和政治家之间的争端，他们都有独立的追随者支持，而这些追随者看到过人们是如何试图讨好元老院的。三头政治（包括罗马帝国的奠基者尤利乌斯·恺撒）的崛起也威胁到元老院对人民的影响力，3 次骇人的起义（有时被称为奴隶战争）也给共和国末日埋下了伏笔。

当尤利乌斯·恺撒自封为独裁官，随后又遭到暗杀时，元老院将要再次经历一场重大变革。帝国建立之初，随着早期元首制的形成，皇帝与元老院合作管理国家的形象已经显现出来——事实上，皇帝所保留的权力远远超过了他之前的执政官。

元老院在这个时候已经扩张到 900 人左右（恺撒为了让自己的支持者支持他的主权而扩大元老院规模），但在奥古斯都统治时，

“戴克里先颁布了一项法令，
赋予皇帝从元老院撤除一切行政权力的权利”

决定性时刻

公元 293 年，戴克里先撤销元老院权力

这也许是自元老院创立以来最为决定性的权力削减时刻。公元 293 年（当时 4 位领导人在 4 个不同的地区统治帝国），四帝共治制度的第一个皇帝戴克里先开始剥夺元老

时间轴

117 CE — 238 CE — 275 CE

哈德良被元老院认可
就像古罗马的每一位皇帝一样，元老院正式承认哈德良为罗马的下一任官方统治者。
公元 117 年

元老院选举两位统治者
公元 238 年 4 月 22 日，元老院选举两位统治者（很像共和国的旧执政官）普皮恩努斯和巴尔比努斯共同统治罗马。
公元 238 年

元老院承认塔西佗
公元 275 年 9 月，在奥勒良皇帝被禁卫军谋杀后，元老院承认他的继任者塔西佗为新任皇帝。
公元 275 年

规模又降到600人。元老院曾在一段时间内完全把控国库，但随着王权不断加固，奥古斯都（元首制的第一位皇帝）最终取消了这项权力。

帝国时期皇帝对元老院的权力是绝对的。现在，一个人要想获得进入元老院的机会，可以由皇帝授予作为财务官参选的资格后参与选拔，或者由皇帝颁发令状直接授予其元老资格，元老院只能乖乖听从，但后来的处境变得更糟了。

元老院再次被降级为咨询委员会的角色，它的地位只在3世纪危机的无政府状态下被降低过。混乱时期的结束见证了四帝共治制的兴起，四人分享皇位导致帝国被分成4个部分。四帝共治制背后的核心人物戴克里先甚至颁布了一项法令，让皇帝有权在没有通知的情况下解除元老院的所有行政权力，这进一步削弱了元老院的影响力。

随着帝国走向衰败，元老院得以延续，但它只是一个外壳，最终随着帝国的逐渐分裂和被步步征服而逐渐消失。虽然它最终跟随帝国走向坟墓，但元老院对现代政治的影响一直延续至今。在许多议会和参议院中，民主讨论的观念一直存在，即一个人可以发表自己的意见并否决他不同意的法律，而民法的理念（编纂法律的同时规定相应的惩罚）现在已经成为现代法律的一个基本原理。

院的部分法定权力。他推进了一系列激进的改革措施，其中一项改革表明，皇帝在理论上有权力从元老院接管国家的全部控制权。

元老院确实保留了审理叛国案件和在辩论中确定出场顺序的权力，但与它曾经在帝国行使的权力相比，只不过是九牛一毛。

293 CE | 325 CE | 330 CE | 552 CE

第一次尼西亚公会议
当君士坦丁召集主教和官员开会确定耶稣基督是否与上帝本人拥有同样的地位时，元老院发现自己的地位被忽视了。
公元325年

罗马首都迁至君士坦丁堡
基督教皇帝君士坦丁大帝把帝国的首都迁往拜占庭，在那里他建立了君士坦丁堡。
公元330年

多迪拉死后被处决的元老
西罗马帝国垮台后，元老院继续处于东边国王的统治之下。一些元老被谋杀，这是为东哥特国王多迪拉复仇的结果。
公元552年

如何成为罗马执政官

How to become a Roman consul

如何在古罗马获得权力和影响力？

在元老院内部

地点

元老院会议可以在许多地方召开，如朱庇特神庙、菲德斯神庙、康考迪亚社庙和阿波罗神庙。

执政官

由于执政官经常在元老院发表讲话，人们期望他拥有强有力的演讲风格。

开门

会议是公开的。为了强调这一点，会议期间门是开着的，所以任何人都可以围观。

观众

元老院最初由 100 人组成，但在共和国鼎盛时期增加到 300 人左右。

传统

让你的对手没机会发言的一种方法是不断说话——年轻人加图多次采用这种策略。

执政官的职责

首席法官

这项权力在公元前 366 年被移交给了裁判官，但执政官仍将在重大案件中担任法官，并随时响应征召。

元老院

执政官负责通过元老院的法律，并代表元老院担任大使。

军事

执政官是强大的罗马军队的统帅，他们在军事保民官的协助下管理军队。

总督职位

卸任后，每一位执政官都被随机指派到一个省或地区执政，期限是 1 ~ 5 年。

否决权

每一位执政官都有权阻止其同事的法令，这一过程确保了只有当各方意见完全一致时才能做出重要决定。

这是罗马共和国时期最高的民选职位，两位执政官可以在任何一个时间当选，每一位任期一年，然后被替换。他们的职责涉及广泛的民事和军事任务。从公元前 367 年起，平民（普通公民）甚至可以竞选公职。然而，这种民主并不持久，因为尤利乌斯·恺撒的死和随后的战争导致了公元前 27 年罗马帝国的建立。执政官的权力被皇权吸收，他们只是傀儡罢了。

01 罗马征服不列颠

罗马执政官要有成为出色的演说家必须拥有的强大信心和受教育背景。因此，你可以找一位私人教师教给你基本的阅读技巧，为你打下修辞学基础。

02 与豪门联姻

他们认为，如果你的所有尝试都失败了的话，就试着通过结婚来增加你的影响力吧。在罗马，有权有钱的家庭经常以联盟的形式互相支持，这种联盟的具体形式通常是包办婚姻。与一个伟大的家庭结盟是一个获得选票的快捷方法。

03

积极展示自我

当时认为，谁向人民展示得越好，成为执政官的概率就越高。正如马库斯·图利乌斯·西塞罗所说："让你身边聚集大量来自各个阶层的人……确保你的演讲游说有礼有节、才华横溢并且轻松有趣。"

04

恐吓对手

当时甚至认为，为了得到你想要的东西，你不能排斥使用一些不体面的手段。这可能包括煽动暴乱或雇用重量级人物（角斗士在这里是特别有效的选择）来打人。如果你碰巧是一名将军，那就更好了，只要利用你全副武装的军队来平息骚乱就行了。

05

行贿

在罗马共和国的衰落时期，贿赂是很常见的。如果决定使用此举，有以下两种形式可以选择：直接贿赂（用金钱回报选票）或间接贿赂（提供免费的谷物、提供娱乐消遣和举办户外宴会）。

06 成为暴民的最爱

一个得到暴民支持的人会是一个有权势的人，他们会帮助这个人成为执政官。举办角斗士竞赛（最好是和许多外来动物一起）是让暴民站在他这边并愿意支持他的好方法。

如何不……夺取权力

卢修斯·塞尔吉乌斯·喀提林有望在未来当选执政官，但他企图夺取政权的做法大错特错。由于面临敲诈勒索的指控（他最终被无罪释放），他在早些时候被禁止竞选执政官，后来在公元前64年被西塞罗击败。他对此感到愤怒，计划以武力夺取政权。他通过承诺取消债务以及响应穷人的需求，聚集了一些追随者。然而，西塞罗不断追查喀提林的行动，在公开谴责他是叛徒后，迫使他逃离罗马。喀提林后来试图随军队进入高卢（法兰西），但他在公元前62年，在皮斯托利亚被盖乌斯·安东尼乌斯·赫布里达将军率领的军队阻止，他和他的大多数追随者在那里被杀害。

著名执政官

卢修斯·尤尼乌斯·布鲁图斯

前509年

他是罗马共和国的缔造者，也是最早的执政官之一。据说是刺杀恺撒的刺客之一马库斯·尤尼乌斯·布鲁图斯的祖先。

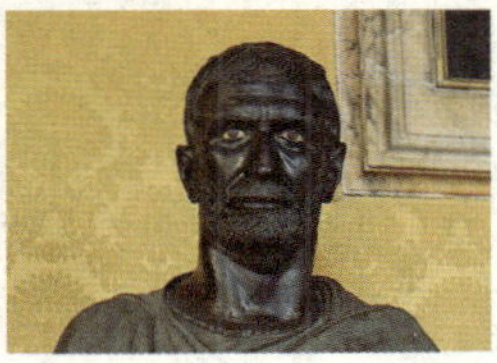

恺撒

前100—前44年

恺撒曾5次担任执政官。他在宣布自己成为终身独裁官后被谋杀。

马克·安东尼

前83—前30年

他曾两次担任执政官，后来与屋大维一起统治国家。在内战中输给屋大维后，他与恋人克利奥帕特拉一起自杀。

奥古斯都

前63年—14年

原名屋大维，于公元前43年成为执政官，在公元前27年成为第一位罗马皇帝。

罗马人的生活方式

How the Romans lived

古罗马的街道上充斥着各行各业的人。在帝国中，较贫穷的人和上层社会的人是截然不同的

努力工作，尽情玩乐。这似乎是许多罗马人的生活座右铭。我们普遍认为，罗马人是一个富有的、善于表达的群体，他们拥有华丽的别墅和衣服。然而这只是一部分罗马人的生活。与任何社会一样，在罗马生活和工作的普通男女（平民）与那些位于权力巅峰的人（贵族）过着截然不同的生活，他们居住在一个与贵族和精英阶层完全不同的世界里，接受的教育和享受医疗保健的机会十分有限。

今天，大多数关于下层阶级存在的物证已经消失殆尽。他们简陋的房屋和未载的故事已被时间遗忘。但是历史学家们仍然能够把罗马人生活的形貌拼凑起来：他们吃什么，穿什么，在哪里洗澡，如何接受教育。

我们也知道，财富是实现美好生活的关键。奴隶们也意识到他们可以积累金钱，有时可以赎回自由。

> “在罗马生活和工作的普通男女（平民）与位于权力巅峰的人（贵族）过着截然不同的生活”

阶级行为：罗马人如何划分阶级

罗马社会是一个由强大的社会等级构成的复杂体系，其复杂程度远远超过了简单的贫富二分法。虽然我们熟悉皇帝、元老和他们之下的骑士的特权生活，但也许最有趣的阶层还是平民阶层。

下层阶级的男人和女人是帝国的核心，但他们的工作却并不能让他们过上多么舒适的生活，这一现象不容忽视。公元前 494 年，贵族和平民之间发生了一场大争论，并断断续续地持续了 200 年。在那一年，平民威胁要离开罗马，后来证明这是一种毁灭性的撤离，贵族做出了让步。然而，在罗马人的心中，社会地位仍然存在差异，地位越低生活就越糟糕。

在罗马平民阶级之下的是自由民和奴隶。后者没有公民身份，前者要么获得了自由，要么自己购买了公民身份。

作为一个公民，罗马人享有相对舒适的生活和某些权利，他 / 她能够投票、拥有财产、合法结婚、订立合同、起诉，能够在法庭上得到律师的辩护，以避免因除叛国罪以外的任何罪行而遭受酷刑或死亡。但是妇女的公民权更为有限。

奴隶

受过培训的奴隶经常充当家庭教师或会计的角色，他们可以自己挣钱。那些不识字或缺乏技能的人则会忍受艰苦的体力劳动。在任何情况下，奴隶都是主人的财产。

女人

妇女被视为妻子和母亲，她们应该在年轻的时候结婚、生育并照料家庭。她们在公共生活中的作用是有限的。到了公元 1 世纪，她们获得了更大的自由。

自由民

那些被他们的主人认为有价值的奴隶（或那些攒够钱赎得自由的人）最后合法地脱离奴籍。自由民不能竞选公职，但他们可以合法结婚。

平民

基本指代罗马的普通公民，尽管公元前 445 年通过的《卡努利亚法》允许他们与贵族结婚，并赋予他们更多权利，但平民在最初依旧缺乏社会流动性和特权。

贵族

贵族是社会的最高阶层，但他们的地位更是一种历史特权。贵族家族声称，他们的历史可以追溯到罗马成立的时候（据推测）。

阶级生活

在这样一个残酷不公的城市里，
贵族、骑士和平民是如何在罗马生活的？

如果在罗马有什么地方是众生平等的话，那就是公厕。在那里，百万人口中的95%坐着，聊天，做着最不洁的行为。在厕所的墙壁里，罗马人赤身裸体，没有丝毫隐私。他们扯下外衣，蹲在木头或石头上凿的大洞上方，用粘在棍子上的浸水海绵擦屁股，然后把它们扔进罗马的下水道系统中。

然而，回到街上，生活却截然不同。那里的等级制度非常完善。最高级的是高等罗马人：皇帝、元老——他们穿着一种叫作拉蒂克拉维（laticlavi）的宽条纹束腰外衣，还有穿着名为安古斯蒂克拉维（angusti clavi）的窄条纹束腰外衣的经济阶层骑士。但除此之外，普通的罗马人民和自由民及奴隶一样，穿着半圆形的毛料长袍。然而，自由民往往在皇宫中占有一席之地，他们可以提高自己的社会地位，获得更好的衣服。

平民眼中的罗马是真实的罗马，他们远离华丽的大理石别墅和特权阶级钟爱的宏伟建筑。毫无疑问，这种观点的产生源自他们居住的狭窄公寓。在拥挤的地区，许多人年复一年地住在一个房间里。对他们来说，罗马人生活在狭窄的街道、肮脏的高层阁楼、繁忙的酒馆及购买食物和必需品的商店之间。

这些区域散发着现烤面包和异国食物的气味，但也充斥着明显的汗味、血腥味和粪便味。罗马通常是一座喧闹的城市，在公共区域发生打斗，居民之间发生争吵，上演家庭暴力，并且有不断出现的火灾危险。特别是在城镇最艰苦的地方，任何幸福的时刻都可能被一件小事所破坏。

罗马当然不是一座虚伪的城市，总督和元老们一直在为镇压平民起义和不和谐因素而斗争。他们每周提供定量的粮食和娱乐活动以满足下层阶级的需求，那些节日的组织者或捐助者总是受到人们的高度尊重。

对穷人来说，罗马被视为一个现成的就业市场，它的街道被视为一个遍布黄金、泥

马尔库斯·图利乌斯·西塞罗

前106年1月3日—前43年12月7日

简介

罗马人之所以“高贵”，一个重要因素是他们的祖先，所以平民即便拥有大量钱财，仍然不被认为是贵族。罗马无法摆脱传统的划分方式，此举导致了骑士阶级的产生，就像我们今天的中产阶级一样。西塞罗生来就是个骑士，但他通过政治关系以及他作为一个伟大律师和演说家的名声，成功地成为一名元老。他的演讲和文章对罗马政治产生了很大影响，但一旦谈到低贱的平民——广大草根阶层（这个词在今天依然很流行）——他就会表现得很势利。他还会直言不讳地批评恺撒。

土和疾病的场所。许多建筑项目都迫切需要大量劳动力，所以很多人移民到那里找工作。市场成立后，罗马城迅速成为一个繁华的多元文化大都市，却不能建造足够的高质量住所。

几十万人在简陋的环境中生活，他们的大部分时间都是在公寓外度过的。整个罗马都是他们的家。

因为长时间与他人相处的缘故，平民以善于交际和粗野吵闹而著称。他们也可以容忍不同的种族和宗教。从罗慕路斯和雷穆斯建立罗马为外来者之城，邀请罪犯和逃亡者来此寻求庇护的那一刻起，外来者就融入了这座城市。人们很快就融入了繁忙的罗马生活中。

工人们会早起，为了一点儿钱而辛苦工作一天，并在其他地方寻找补充收入的方法。孩子们也会工作，男童做学徒，女童在母亲或女主人的监视下做家务，这些女孩通常穿着漂亮的短裙，腰间系着一条腰带。学校是收费的，主要为富人和特权阶层提供服务。然而，较贫穷的家庭会由父亲亲自教授儿子知识，教儿子们使用他们的行业工具。

因此，一代又一代的穷人，长大后基本上不识字，但技术水平却不低。男孩到了14岁，女孩到了12岁，就结婚了，成年为他们带来了很多好处。男孩可以被征召入伍，帮助罗马人征服和控制远方的土地，而女孩则在社交圈中活动，嫁到强大的家庭中去。

根据罗马传说，罗慕路斯和他的孪生兄弟雷穆斯是雷亚·西尔维亚和战神玛尔斯的后代。

士兵们还为另一个目的服务。他们可以俘虏奴隶并把他们带回罗马。他们不以种族选择奴隶，而是基于力量、智力、实际技能或外表来挑选。虽然有些人成为劳工或变成角斗士或提供其他娱乐，但他们也可以在富裕家庭中从事体面的工作。例如，罗马人痴迷养生，许多希腊医生在公元前47年后以奴隶身份涌入罗马。除了让罗马人享受更好的医院治疗和外科医生的服务外，希腊人还促进了当地的医学进步。从某些方面来说，他们可能有点儿太过热情了，他们为了检验自己的理论而用病人做实验，这引起了罗马人的怀疑。但这些希腊医生比那些收费昂贵的庸医更可靠，庸医的手段实在是不太正规。

所有阶级的罗马人都享受着医疗带来的好处，即使处于食物链底端的奴隶也从某种程度上受益。这也表明，有技能的人作为奴隶被带到罗马，实际上是一个不错的职业选择。尤其是许多来自东方的人都很聪明也有文化，能够很容易地融入社会，为社会做出巨大贡献。事实上，一些负债累累的罗马公民会卖身为奴。一些奴隶也可以挣钱和存钱，存起来赎得自由或购买昂贵的衣服。到公元前1世纪，罗马人口的一半以上是奴隶和自由民。在这个时候，元老院提议奴隶们穿上符合他们自己特殊身份的外衣，但这项提议遭到了拒绝，因为看到一半的罗马人穿着这样的衣服可能会十分令人尴尬。

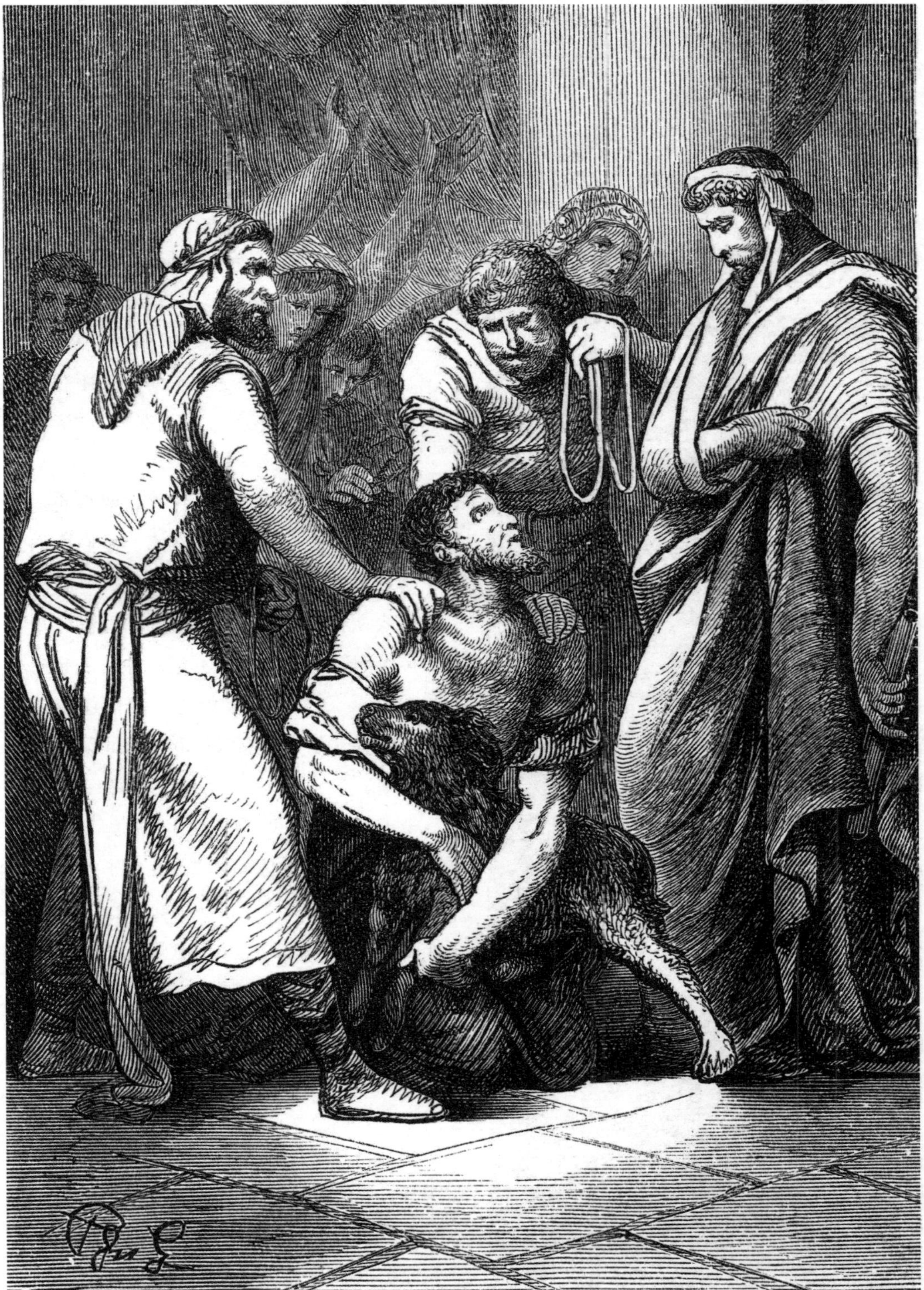

△ 这幅来自 377 年前后的木刻画显示，一个人为了养家糊口，将自己卖作一条狗的奴隶

罗马的夜生活

罗马人在罗马都干什么？
我们知道他们喜欢葡萄酒、戏剧和食物，但还有什么呢？

罗马人的住房

从前罗马帝国遗留下来的建筑中我们可以看出，古罗马人非常重视建筑，把它看作一种展示力量、文化先进和财富的方式。骑士或者相对富裕的人会住在一种叫作多莫斯（domus）的豪宅里，这些豪宅围绕着中庭建在一层楼上，楼内有多个房间，包括一到两个供奴隶住的房间。

这些房子通常会用大理石雕像和柱子装饰内部和外部，除此之外还会有漂亮的绘画或马赛克。多莫斯内还经常有一个大的游泳池和一个花园，在建筑中间创造出一种空旷和自然的感觉。

然而，穷人住在狭窄的可能有9层楼高的公寓楼里。它们由泥砖或木料建成，屋顶平坦，在炎热的天气里可以在此欣赏风景或睡觉，这些公寓被称为围屋，最多只有几个房间可以睡觉。

一个街区最多可住40人，设施非常简陋。平民们不得不使用公共设施，从庭院到盥洗室、浴室，甚至烹饪器具。因此，庭院通常是一个方便社交的地方，考虑到他们的房间不大，很少有罗马人愿意待在室内。

这些建筑的底层会有商店或酒馆，在街上有单独的入口，因此与公寓楼隔开。有钱人或骑士通常是这些商店和酒馆的主人，从租金中赚取额外收入。

◁ 罗马公寓顶层的遗迹。几十个人住在这些狭小的公寓里

丈夫对妻子的赞美之词通常是“大地馈赠的守护者”，她打理房屋并且编织羊毛。这样的赞美绝不会用在在罗马社会中被极其瞧不起的妓女身上。尽管卖淫合法还有执照，需要纳税且需求量巨大，但它依旧被认为是一种可耻的职业。

妓女来自奴隶阶级，在遍布罗马的妓院里满足罗马人对性的强烈欲望。她们被称为文蛤或“用自己的身体做生意的人”。她们不能穿斯托拉（stola，一种长袍，罗马妇女的传统服装），且不得不穿一件黄色的托加长袍（toga）作为职业标志。她们还被剥夺了给予其他妇女的有限权利，例如获得遗产的权利。

天黑以后，罗马变得更加肮脏。街道充满危险，罪犯们把这座城市变成了他们自己横行的城市，掠夺他们认为会成为富人的人。作为下层人，他们会在没有灯光、没有警察的狭窄街道上抢劫。入室行窃、纵火、谋杀和诈骗都是典型的犯罪。惩罚这些犯罪的方式包括鞭打、钉在十字架上等，但这并不能阻止绝望的人。犯罪分子有时可能非常暴力，但如果只是要把一件束腰外衣或钱包的正面切开，他们通常会携带一个锋利的工具，以减少受害者的财产损失。一些受害者在救命和保护财产时会自己动手，每个人都有一种为自己而活的清晰意识。然而法院和律师并不能有效解决问题，因为许多人都在夜间酗酒。

由于在自己家里做晚饭太危险，小酒馆的厨房就成了可怜的罗马人的厨房，帮助他们在危险的晚上存活下来。白天，这里是吃饭和休息的地方，让人们可以逃离家园和工作。那些愿意进来坐在酒吧凳子上喝酒的奴隶和平民，可以在这里享受娱乐。

> 染料是非常珍贵的——任何穿着从海螺中提取的酪紫色的人都会有很高的回头率。

到了晚上，酒馆变得更热闹了。酒馆位于一条安静的小街上，大门紧锁，男人们在这里赌博、社交、玩游戏，这些游戏到后来经常会演变得很激烈。对于富人来说，酒馆并不符合他们的身份。他们大多远离这些地方，谴责这些地方不道德，不符合罗马公民的身份。

然而，这并不代表没有上流社会的人冒险前往酒馆。尼禄大帝经常光顾酒馆和妓院，认为这些地方既新鲜又令人兴奋。他总是将自己伪装得很好，以免引起骚动。

民众的食物

富人用奴隶提供的一系列令人垂涎欲滴的食物来满足他们的味蕾，而穷人的饮食则较为清淡。大多数人无法享用贵族们使用的酱汁、昂贵的肉类和进口香料，因此只能选择便宜的替代品。

穷人依赖谷物、橄榄油和葡萄酒等主食，辅以面包、扁豆、蔬菜和粥。由谷类制成的扁平圆形面包“埃默”（emmer）很受欢迎，后来小麦面包被引进罗马。尽管有证据表明，在庞贝城和奥斯蒂亚等地的面包店已有动物拉磨的磨坊，但女性也会从事将谷物磨成面粉的劳动。

农民、猎人和渔民的饮食会更好些。由于没有宗教限制，他们可以随意吃。腌制猪肉很受欢迎，而腌制牛肉则不太常见。

罗马公民一天吃3次饭。他们早上吃早餐（jentaculum），中午吃午餐（prandium），晚上吃晚餐（cena）。晚餐是一天中最重要的时刻，人们会利用现有食材尽可能地制作出最好的晚餐。

贵族很喜欢举办宴会，他们每吃一口就会靠在沙发上放松。富人特别中意填充馅料的睡鼠，他们会在上面撒上蜂蜜和罂粟籽。由于缺少餐具，罗马人会用手吃饭，所以食物必须被放在方便的位置。在宴会上用左手吃饭被认为是不礼貌的。

01 从印度进口食品

根据1世纪的作者老普林尼——盖乌斯·普林尼·塞孔杜斯的描述，罗马人每年花费1亿塞斯特斯硬币，从印度、中国和阿拉伯半岛进口香料和香水。

02 高卢猪肉

极度珍贵的腌制猪肉是从高卢进口的，除此之外，高卢还以培根闻名。尽管英国也有充足的猪肉供应，但罗马人认为高卢的牲畜更好。

03 吃小麦

对于帝国来说，小麦十分重要，因为小麦养活了包括军队在内的数百万人。为了应付需求，帝国需要大量进口小麦。据说庞贝城被毁时，城内需要大约25万吨小麦。

04 在地中海捕鱼

无论是新鲜的、干的、腌制的还是熏制的，地中海的鱼都大受欢迎。它比其他肉类更贵，用淡水和咸水池塘来人工养殖鱼类更为便宜。

△ 顾客们聚集在一个餐馆或是烹饪店（类似于快餐店的地方）内，那里为罗马的穷人提供热饭

古罗马的家庭奴隶

A domestic slave in Ancient Rome

罗马，一个建立在强迫劳役上的帝国，前 27—395 年

在罗马帝国时期，罗马多达 1/3 的人口是奴隶。这些男人、女人和孩子经常在战斗中被俘虏，然后被富有的罗马人买去。他们为罗马人工作，来换取基本的食宿。这些奴隶负责体力劳动和家务，例如打扫、烹饪和运输服务。奴隶也被视为罗马精英阶层的财富象征，因此一个人拥有的仆人越多，其社会地位就越高。富人可以拥有多达 500 个奴隶，而一个皇帝可能拥有 2 万个。奴隶的生活条件极差，因此他们的寿命相对较短。

起床

奴隶要在黎明时起床，穿上主人发的亚麻或羊毛外衣和木鞋。他们的服装与罗马平民相似。元老院曾经提出过奴隶着统一制服的想法，但是担心奴隶们能凭服装知道奴隶人数巨大而引起叛乱，因此这一建议并未通过。

△ 许多奴隶会帮助主人做晨间准备

做家务

一个奴隶一天的工作从给地暖加热开始，然后要取水并为主人准备早餐。主人醒来后，他们会协助梳洗打扮，并服侍主人用早餐，一切工作都是静悄悄地进行。 奴隶们会得到少量的面包、水果和廉价的葡萄酒作为一天的供给。

开始工作

家庭奴隶大部分时间都在做饭、打扫卫生和跑腿，例如带孩子上学、买东西和修补衣服。有些人因其辛勤工作能得到良好待遇，但奴隶仍然无权拥有任何个人物品或组建家庭。一些有技能的奴隶还可以担任教师、会计师、医生和乐师，有时会得到最低酬劳。

STORAX. SERVORVM
MANGO

反叛

罗马的奴隶由于厌倦了没有自由没有权利的生活，发起了 3 场起义，但皆以失败告终。最著名的是前 73—前 71 年由斯巴达克斯领导的那次，但最终斯巴达克斯死去，6000 名追随者被俘虏。一些奴隶更喜欢用更不易察觉的方式去抵抗，比如挪用主人的钱。

惩罚

如果奴隶被主人发现行为欠妥或做了主人不允许的事情，他们可能会被鞭打、被锁链锁住、被折磨，甚至被杀害——加害者却不用承担法律后果。罗马马术骑手普利乌斯·维迪乌斯·波利奥因其残忍地惩罚奴隶而出名，他曾将奴隶活活喂给他的宠物鳗鱼。

准备盛宴

如果他们的主人被邀请参加宴会，奴隶会使用一种被称为“舆”的便携式床榻送主人赴宴。同时，宴会主人的奴隶要忙于准备宴会。宾客到达后，奴隶的工作就是为他们呈上食物、提供娱乐及事后清理。

交换角色

在罗马，一年一度的祭祀农神的节日称为农神节。在这一天，奴隶与主人互换地位的情况很普遍。节日从 12 月 17 日开始，为期 7 天。节日期间，主人会行善般地为奴隶们举办盛大的宴会，允许他们赌博，甚至与他们交换衣服。

购买自由

奴隶只能由其主人解放，或者自己赎回自由。之后他们可以成为罗马公民，但不能担任公职。这种情况很少发生，因此许多奴隶会争取逃脱、杀掉主人，甚至自杀以逃避遭受虐待的生活。

◁ 奴隶需要为主人提供丰盛的食物，但他们自己却处于饥饿中

颠覆者

上层罗马人，特别是那些政治上有权势的罗马人，在没有适当授权的情况下被禁止与军队密切接触，以防政府被他们推翻。

叛徒

古罗马上层社会中，最严重的罪行之一是叛国和政治颠覆。罪犯可能被放逐，甚至被处死。

通奸者

上流社会的私通者削弱了罗马精英阶层的世袭权力结构，有时会被判死刑。

小偷和抢劫犯

如果一个抢劫犯在晚上被当场抓获，他可能会当场毙命；小偷则会在法庭上受审。是否被处罚取决于他们是否为罗马公民。

假冒伪劣者

中产阶级的罪犯出售赃物、假货，或者伪造砝码和度量衡，如果被抓，他们可能会被罚款或驱逐出境。

异教成员

非罗马或非法宗教的信徒被认为是非常危险的。他们经常躲在城市下方的地下墓穴里躲避罗马警察。

古罗马的底层社会

Underworld of Ancient Rome

从元老院到街头巷尾，犯罪充斥着古罗马的每个角落。从逃亡的奴隶到奸诈的贵族，我们可以从他们身上看到罗马的邪恶程度

古罗马犯罪问题十分普遍。抢劫很常见，暴力和暴乱也很常见。商人欺骗他们的顾客，绝望的奴隶定期逃跑并加入藏身于城市地下的不法分子团伙中。对于社会上层来说，富人和贵族经常卷入秘密酝酿的阴谋或颠覆阴谋中。这座城市自上而下遍布犯罪活动。

在古罗马的街道下面潜伏着一些城市里最危险的罪犯。在这些地下墓穴中，密密麻麻的隧道和洞穴相互交错；这里是逃跑的奴隶和非法教派的家园，他们利用地下迷宫作为藏身之处。

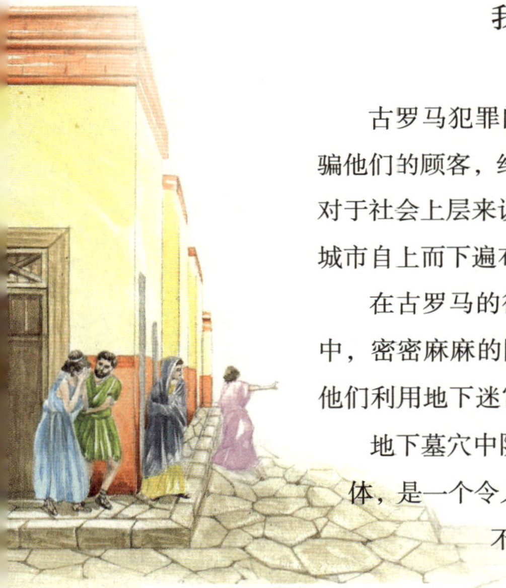

地下墓穴中阴暗、潮湿、布满害虫、幽闭、窄小，堆满了曾经的居民的尸体，是一个令人恨不得马上逃离的地方。逃跑的奴隶想尽快离开那里的原因，不仅仅是环境恶劣。公元前 71 年，罗马将一位名叫斯巴达克斯的越狱角斗士钉死在十字架上，大部分人认为他是一群越狱者的头目。他和他的同伴发动了第三次奴隶战争，这场战争持续了两年，最终导致罗马对逃跑的奴隶做出更严厉的判决。奴隶们不想被抓住，在出城的路上只是把这些墓穴当作一个临时的藏身之处。

逃跑的奴隶和角斗士

逃跑的奴隶和角斗士想要逃离罗马奴隶制度，如果他们被抓住，就会当场被处决，或者在以后以更痛苦和更有“创造性”的方式被处决

异教团体更倾向于留在地下世界的墓穴中。罗马人通

古罗马统治下的世界

休息和避难之所

地下墓穴是一个由隧道和通道组成的网络，它是从罗马地下的软火山岩中挖掘出来的，这些岩石是希伯来人和早期基督徒在 2—5 世纪间用来建造地下墓地的。通常情况下，楼梯会通向地面以下 10 ~ 15 米。在这个位置，许多回廊会岔开至四面八方，宽度足以让两个人抬着棺材行走。这些墓穴将在宗教迫害期间为基督徒提供临时避难所。

常对不属于自己的神非常包容，但一些宗教，如犹太教、基督教和酒神教，其遵循的意识形态与罗马价值观不符，让罗马人感到十分危险。酒神教是传到罗马的一种希腊宗教。它的追随者以疯狂的酒后狂欢来歌颂他们的神巴克斯，有传言说他们会谋杀那些拒绝参加的人。公元前 186 年，罗马通过了一项反对酒神教的法律。

与此同时，古罗马的犹太人和基督徒被认为是有罪的，因为他们相信只有一个神。在罗马共和国时期有着汇集众神的万神殿，所以这些人不受欢迎。但当罗马成为一个帝国时，这些人对国家安全构成了威胁。罗马最后一位独裁官尤利乌斯·恺撒死后被神化，他的继承人奥古斯都继承了“神之子”的头衔。犹太教和基督教威胁到神圣皇帝的概念，因此它们的信徒逃到地下。

在这些人生活的地下墓穴里还留有证据。他们经常在墙上雕刻或画上宗教符号。犹太人经常描绘他们举行仪式的画面，或者描绘分支烛台——七枝烛台，通常用来代表他们的信仰。基督徒不同，他们知道自己是最令人讨厌的宗教罪犯，罗马防暴警察有时会追查他们，甚至追查到地下墓穴，于是他们使用了一系列神秘的标志，如造型奇特的鱼、凯乐符号和萨托方块——一种“回文密符”。萨托方块是暗中拼写祈祷词的文字游戏，而不是明显的十字架或耶稣受难像。

“晦涩难懂的符号帮助其他罪犯在墓穴中穿行，告诉他们在黑暗、恶臭的迷宫中该走哪条路”

◁ 《垂死的角斗士》，费奥多尔·布朗尼科夫，1856年绘制。斗兽场的戏剧性故事至今仍吸引着艺术家和电影制作人

这些模糊的符号为其他罪犯在墓穴中导航，告诉他们在黑暗、骇人的迷宫中应该走哪条路。他们留在这座城市附近的唯一原因是，他们相信应该传播自己的信仰，以减轻他们在来世所遭受的苦难。

不过，犯罪并不局限于字面意义上的底层人民。任何看当天新闻的人都会熟悉罗马的街头犯罪。在古罗马，关于涂鸦、盗窃、骚乱和暴力犯罪的流行文章和今天关于贫民区反社会行为的新闻报道一样常见。例如，诗人尤维纳利斯描述了从讨厌的噪声、吵闹的人群、乱扔垃圾到抢劫和入室盗窃等各种罪行。

在罗马，走在一条普通的街道上，意味着要在一大堆抢劫犯和小偷中间行走。公共道路嘈杂拥挤，偷东西很容易——小偷可以从受害者的腰带上抓起或割下一个钱包，甚至在他们被发现之前就隐匿在人群中。上层罗马人进入底层地区往往会由一些仆人或卫兵陪同，希望这些陪同者能挡住抢劫犯。这给普通的城市居民带来了许多麻烦，他们经常抱怨被人拦下撞倒。街道上到处都是腐烂的农产品和污水，一般住户会从楼上的窗户把它们处理掉。在街上被撞得四脚朝天也相当于公开请小偷来行窃——小偷们可以打着帮助受害者站起来的幌子打劫。

这个城市较贫穷的居民，即底层的“平民”，成了下层街道的罪犯。他们通常都很穷，食物不足。他们的晚餐只有醋和豆子，所以他们犯罪的根源不是贪婪，而是贫穷。普通的罗马人从帝国建立之初就抱怨贫穷，并把他们的悲惨命运与上层阶级的美好生活进行对比。在如此贫困且对社会不满的情况下，难怪许多底层人民为了生存而犯罪。即使是从同阶层的人身上偷来几枚硬币，也能买到更好的食物，或是便宜的葡萄酒，帮助他们暂时忘记贫穷。

然而，酗酒导致了另一系列问题——酒后暴力。尤维纳利斯在他的第三部讽刺作品中谈到，他感到被一个酒鬼搭讪和被抢劫一样恼火。公众酗酒往往是暴民和暴乱的根源，这些暴乱周期性地困扰着古罗马。因此，奥古斯都皇帝在其统治后期建立了两支警察部队、一个兼顾城市消防的安全部门，以及防暴警察。

每隔一段时间，警察部队就会接到命令，把下层犯罪分子从城市或农村的某个特定地区以及附近的村庄清除出去。在罗马的平民社会中，低级犯罪是如此的隐蔽，以至于这样做的唯一后果就是把问题从一个地区转移到另一个贫困地区。但是中产阶级有他们自己的犯罪形式，他们犯下了思虑更周全、更为有利可图的罪行。

欺骗、诈骗和伪造每天都在罗马的街道和市场上发生。古罗马有独特的廉价假货设计、发薪日贷款诈骗和食品安全问题。假币和伪造珠宝是这个城市的痼疾。一些商人会将沙砾掺入谷物，或者将海水注入葡萄酒。另一些人则以非法的高利率将钱借出，并把借款人的所有东西都拿走。根据他们的社会地位，这些商人和放债人可能会受到从公开鞭打到支付赔偿金不等的一系列惩罚。

商人比下层街头罪犯的受教育程度高且组织严密。他们不会冲动行事，而是精心策划自己的罪行以及被捕时的应对方式。中产阶级的罗马商人经常组织行会这样的团体，虽然这其中的许多人都是守法公民，但确实存在着奇怪的互助会。互助会的集体基金和有组织的法律地位意味着它们有权力和资源，可以在必要时帮助其成员摆脱困境。互助会是古罗马最接近黑手党的组织，它们的运作原则基本相同——团结一致，保持沉默，赚钱。由于组织了这些行会，即使一名互助会成员被抓获，他也可以指望聘请一名体面的律师，接着仅仅是被罚款，或可能被驱逐出境。最坏的情况是，罚款会使他完全破产，他可能被迫成为奴隶来偿还债务。

犯罪活动在城市高层中从未停止——事实上，精英阶层的高级别墅是另一种犯罪活动的温床。贵族阶级的罗马人不需要偷窃或诈骗。他们出生在一个继承财富的世界里，这是下层阶级和中产阶级渴望的。他们的生活和一般人有很大的不同，他们的罪行也是如此，从罗马共和国到罗马帝国的过渡时期尤其如此，那时叛国成为任何罗马人都可能犯下的最严重罪行之一。我们今天最熟悉的罗马上层社会的罪行当数阴谋和暗杀，这是后来帝国的特点。我们常常认为罗马上层社会是煽动叛乱和阴谋的温床，事实上许多人确实以某种方式犯下了叛国罪。然而，叛国罪并不仅指阴谋或暗杀，还代表着任何会威胁到罗马的事情，“永恒之城”的概念或许比居住在其中的人们更重要。

上流社会的罗马人和平民一样，也面临着被基督教这种新宗教所迷惑的危险。男性精英总会面临一种危险，那就是一些聪明的年轻将军或政治家可能会认为，在统治这座城市及其所属帝国方面，他们能做得比现在的统治者更好。一些最严重的上层阶级罪行包括向军队行贿和弑父。弑父意味着杀死了

△ 海因里希·洛伊特曼的彩色版画展示的惩罚叛徒的方式是将他们从罗马的塔庇阿悬崖上抛下去

父亲，也就是一家之长。这在罗马社会各阶层都是令人震惊的罪行，在贵族阶层却是最严重的。一家之主象征着微型版皇帝，象征着统治、继承和既定秩序。违反这一点就违反了罗马帝国的原则。通奸也成为统治阶层的一种罪行，因为它会威胁到家族继承制度。犯罪是古罗马各行各业人口面临的一个重大问题。尽管这些罪行及相应的惩罚在严重性、执行力和动机上各不相同，但归根结底，它们都围绕着同样的需求和愿望——拥有更多的钱、更多的控制权和更多的权力。

在古罗马，最严重的犯罪之一就是弑父，即杀害自己的父亲。

恺撒的掌权之路

Rise to Power

恺撒是如何成为罗马历史上最残忍的掌权者之一的?

“一个人的野心和天赋是如何让罗马从共和走向独裁的?”

恺撒的祖先

Caesar's ancestors

恺撒的家人积极参与布匿战争和内战，实际上他们在穿越卢比孔河之前就已经声名显赫

卢修斯·尤利乌斯·恺撒一世

盖乌斯·尤利乌斯·恺撒二世

玛西娅·雷贾

恺撒的祖父与玛西娅·雷贾结婚后，他的家族便与最古老的贵族家族建立了联系。这个明智之举使尤利乌斯·恺撒家族在共和国选举中获得了更高的地位。

盖乌斯·马略

在恺撒的上一辈中，姑父盖乌斯·马略是一位追求政治权力的卓越的将军。击败日耳曼蛮族后，马略7次当选为执政官。他的雄心与行动为瓦解共和国和16岁侄子的崛起铺平了道路。

茱利亚

约前130—前69年

盖乌斯·尤利乌斯·恺撒三世

约前140—前185年

恺撒的父亲在共和国曾担任过多个职务，其中包括财务官、裁判官、亚细亚总督，但上任的确切日期均不详。他在穿鞋时突然死亡，儿子在16岁的时候就成了一家之主。

奥莱莉娅·科塔

约前120—前54年

小盖乌斯·马略

约前109—前82年

尤利乌斯·恺撒

约前100—前44年

大茱利亚

小茱利亚

约前101—前51年

图例
配偶
子女

塞克斯特斯·尤利乌斯·恺撒一世
我们知道的恺撒最早的祖先是他的曾祖父塞克斯特斯·恺撒。他在第二次布匿战争中当选为裁判官，位次仅次于执政官，负责统领罗马军团和西西里。从此整个家族开始掌权之路。

盖乌斯·尤利乌斯·恺撒一世

塞克斯特斯·尤利乌斯·恺撒二世

“这个家族仅有家族名字和祖先留下的财产，政治权力微乎其微”

卢修斯·尤利乌斯·恺撒二世

波比利亚

卢修斯·尤利乌斯·恺撒三世
约前 135—前 87 年

盖乌斯·尤利乌斯·恺撒·斯特拉波·弗普里斯克斯
约前 130—前 87 年

茱利亚
约前 129—前 104 年

卢修斯·尤利乌斯·恺撒四世

茱利亚·安东尼亚
约前 104—前 39 年

塞克斯特斯·尤利乌斯·恺撒三世

塞克斯特斯·尤利乌斯·恺撒

马克·安东尼
约前 83—前 30 年
马克·安东尼是恺撒一生中最有力的支持者之一，考虑到他们之间的亲戚关系，也许就不足为奇了。马克·安东尼的母亲茱利亚·安东尼亚是恺撒的亲属。安东尼曾在恺撒的军中任职，并被任命为意大利半岛总督，恺撒被暗杀之后曾试图夺权。

卢修斯·科尼利厄斯·苏拉·费利克斯
约前 138—前 78 年
盖乌斯·马略试图用他的远亲替代苏拉去担任东方军队的统帅，苏拉拒绝并向罗马进军，内战开始。马略死后，苏拉夺取了国家的控制权，并恢复了独裁官这一古老职位。40 年后这一职务由他的侄子恺撒担任。

恺撒的后裔

Caesar's descendants

恺撒家族通过复杂的婚姻网络、领养和私通等方式，在他去世后继续统治罗马

盖乌斯·尤利乌斯·恺撒三世
约前 140—前 85 年

大茱利亚

默尔库什·阿提乌斯·巴尔布斯
约前 105—前 51 年

阿提娅·巴尔巴·凯索妮亚
约前 85—前 43 年

盖乌斯·屋大维
前 100—前 59 年

马克·安东尼
前 83—前 30 年

小屋大维亚
前 69—11 年

屋大维亚的身份能最清楚地阐释尤利乌斯－克劳狄家族的复杂关系。她是马克·安东尼的妻子，奥古斯都的姐姐，卡利古拉的外曾祖母，克劳狄的外祖母。她也是王朝乱伦的标志，既是尼禄的祖母，又是尼禄的曾祖母。

提比略皇帝
约前 42—37 年

图例
配偶
子女
收养
私通

奥莱莉娅·科塔
约前 120—54 年

克利奥帕特拉
约前 69—前 30 年

恺撒里昂
约前 47—30 年

小茱利亚
约前 101—51 年
罗马贵族的女儿经常为了扩大家庭的影响力而被用来交换，恺撒的家庭也是如此。恺撒的两个姐姐都嫁给了其他贵族家庭，他最小的妹妹的三个女儿命运也是如此。茱利亚去世后，她的葬礼由她最小的孙子，即未来的奥古斯都主持。

尤利乌斯·恺撒
约前 100—前 44 年

(1) 科涅莉亚

茱利亚
约前 76—54 年

(2) 庞培亚

(3) 卡尔普尼亚

格涅乌斯·庞培·马格努斯
约前 106—48 年
庞培、恺撒和克拉苏组成“前三头同盟”，此三人通过政治联盟在共和国最后阶段统治罗马。庞培与恺撒独生女茱利亚的婚姻是他们友情的印证。但茱利亚难产死后，二人公开反目。

奥古斯都皇帝
约前 68—14 年
公元前 54 年，恺撒在独生女死后便没有合法继承人，他收屋大维为养子并立其为继承人。屋大维是恺撒的甥外孙，是家族成员。屋大维充分利用了他的新身份，最终独揽大权，史称奥古斯都皇帝。

（1）克劳迪娅·普尔塔

（2）斯克里波尼亚

（3）利维娅·杜路莎
约前 58—29 年

大茱利亚
前 39—14 年
大茱利亚是奥古斯都唯一的亲生孩子，被迫与奥古斯都的继子提比略结婚，婚姻不幸。据称，茱利亚私生活混乱，被流放到潘达特里亚岛。茱利亚的丈夫就任后，她很快就离奇去世，很可能是为自己曾经的荒唐事做个了断而将自己饿死。

提比略·克劳狄·尼禄
约前 42—37 年

尼禄·克劳狄·德鲁苏斯
约前 38—9 年

传奇的起源

The origins of a legend

恺撒自称神灵的后裔，似乎此生注定要荣耀，但实际上他的登顶之旅漫长而艰巨

恺撒早先会强调他的家族血统，声称自己是维纳斯的后人，将自己塑造成神的形象。很可能在恺撒童年时期，别人这样告诉过他。恺撒父亲这一方称，他们是特洛伊王子埃涅阿斯儿子的后人，传说中维纳斯的儿子。这样一来，一条受人尊敬的古老血脉就跃然纸上，这个家族自然也和社会精英阶层有了接触。这种说法只有部分是真实的，家族的影响力在恺撒出生之时已大不如前。恺撒家族只是血统上与古代神灵有关系，但实际上政治权力极其微弱。

恺撒的出生日期有争议，但最普遍的说法是，他于公元前100年7月12日或13日生于罗马。

虽然有贵族家庭这一名声的护佑，但家族内也仅仅出过3名执政官，恺撒在年幼时也未继承大量财产或权势。相反，这位少年很早就意识到需要通过自己的行动展示自己的价值。对于青年恺撒来说，通往权力顶端并不存在什么快速通道。他在缓慢的登顶过程中反而练就了自己的权术、技能和决策能力。

恺撒的出生日期和他的早期生活都是个谜，最普遍的说法是他于公元前100年7月12或13日生于罗马，他的母亲奥莱莉娅·科塔是贵族后代，家中出过数位执政官。他的父亲是裁判官，即排名第二的行政长官，而且还统治着亚洲的罗马省份。恺撒有两个姐姐，大茱利亚和小茱利亚。我们从恺撒父亲的职业可以推测，父亲在青年恺撒的生活中是缺失的。公元前85年，恺撒父亲在穿鞋时突然去世。死因成谜。父亲的大部分财产留给了儿子，16岁的恺撒突然发现自己成了一家之主。幸运的是，恺撒的父亲在儿子教育方面已经做好了安排。他聘请了老师马库斯·安东尼乌斯·吉尼弗教授小恺撒荷马和维吉尔等古代诗人的作品，以及如何正确说话。吉尼弗是一个了不起的人物，他小时候遭到遗弃，然后成为奴隶，但后来获得了自由。他以记忆力惊人而闻名，恺撒很可能受到他的影响，也在后来以记忆力强而著称。吉尼弗很慷慨，允许学生以能够承受的方式付学费。据说西塞罗等许多其他伟大的演说家都是他的学生。由于恺撒很少见到自己的父亲，吉尼弗的机智和果断很可能对青年恺撒产生了重大影响。

△ 恺撒最终战胜了海盗，他首先割断他们的喉咙以表现自己的仁慈

被海盗囚禁

恺撒时代的地中海经常有西里西亚海盗出没，他们经常与罗马人交换奴隶。恺撒旅行时被这些海盗绑架并囚禁。通过恺撒早年的这次遇险，可以很好地洞悉他的人格和自信如何形成。

起初，海盗们要求 20 塔兰特（古希腊重量单位）金子作为赎金，恺撒笑称海盗低估了他的价值，应该提高到 50 塔兰特。当恺撒的追随者们筹措金子时，恺撒已被海盗俘虏了 38 天。其实这算不上是囚禁，恺撒不仅参与了海盗们日常的游戏，还要求他们在自己睡觉时保持安静。恺撒平日写一些演讲词并背诵给海盗们听，如果得不到赞美，恺撒就会称海盗为野蛮人并威胁要把他们吊死。

海盗很快对这个自夸的年轻人产生了兴趣，认为他是一个顽皮、自大、很孩子气的人。然而在缴纳赎金之后，恺撒召集自己的舰队，一举抓获海盗并将其囚禁。亚细亚总督拒绝处决海盗，恺撒就用自己的权力完成了死刑，正如他之前承诺的那样。

△ 从幼年开始，恺撒就表现出了他的聪明才智，这预示着他会走向权力的顶峰

恺撒童年的生存条件要求他锻炼出某些特质。恺撒出生于罗马，那里充满了政治动荡和野蛮的流血冲突。混乱和不稳定因素始终是国家分裂的危险所在。贵族派和平民派之间征战不断，他们分别代表了贵族最高利益集团和惠及民众的改革派。恺撒的姑父马略是平民派，而马略的门生苏拉则是贵族派。恺撒与他姑父结盟并不令人惊讶。

最终，马略及其盟友辛纳成功占领了这座城市，苏拉被宣布为公敌。苏拉的支持者们遭到了马略部队的清洗。但马略的统治并不长久，他于公元前 86 年去世，之后辛纳掌权。由于先前的大祭司死于马略的大屠杀，恺撒开始担任朱庇特祭司。尽管这一职位确实具有更高的权力，但仍有某些规则，恺撒必须遵循。例如，上任者要与上流社会成员结婚。恺撒曾与平民女孩订婚，尽管她很富有，但并没有完全满足社会的苛刻要求。恺撒退婚后娶了辛纳的女儿科涅莉亚。一切似乎都为恺撒的登顶做好了准备。恺撒有不错的职位，现在与罗马最有权势的男人建立了家族联系。然而，正如恺撒一生中的常见情况一样，通往荣耀的道路充

由于先前的大祭司死于马略的大屠杀，恺撒开始担任朱庇特祭司。

△ 这幅画描绘了盖乌斯·马略坐在被罗马摧毁的城市迦太基的废墟中

满危险。公元前82年，苏拉复仇归来。苏拉此次要夺回罗马，在科林门战役中他一雪前耻。胜利后，苏拉割下了对方指挥官的头颅并示众。那些反对他的人被监禁、流放或杀害。为了确保自己的统治不受挑战，苏拉恢复了独裁官的职位。该职位历来任期6个月，但苏拉取消了封限。

死去的马略还是令苏拉生厌。马略的尸体被挖出并扔到台伯河中，他的所有雕像都被摧毁殆尽。恺撒最强大的盟友辛纳也被自己的士兵杀死。猛然间，恺撒成了苏拉的目标。他不仅被剥夺了继承权，连妻子的嫁妆和祭司职位也不保，还被命令与科涅莉亚离婚。年轻的恺撒可能被处境的巨大变化吓坏了。他拒绝这些要求并躲了起来。多亏恺撒母亲的干预和苏拉母亲一方的支持，苏拉在犹豫中同意解除对恺撒的威胁。他说在恺撒身上能看到许多马略的影子。

恺撒知道最好的选择是参军。虽然失去祭司一职很遗憾，但他拥有了参军的自由。恺撒先在亚细亚任职，然后在西里西亚任职。恺撒在军事上表现优异，在攻城中获得了二等军事荣誉头衔，被授予槲叶环（Civic Crown，罗马士兵可获得的最高军事勋章之一）。除了他的军事才能外，他的口才也得到了展现。在军队期间，他曾前往卑斯尼亚求得国王舰队的协助。

公元前79年，苏拉放弃了独裁统治，执政官制度重新启用。一年后，苏拉去世，这为拥有政治野心的政客们提供了契机。恺撒匆匆回到罗马，钱袋干瘪，生活窘困，只能混迹于社会底层，争取向社会上层移动。他在法律服务部门任职一段时间，以具有说服力的演讲赢得了声誉，并控告了前任长官的腐败行为。西塞罗本人对青年恺撒大加赞赏，并称没有哪个演说家能强于他。恺撒被自己的成功所激励，决定要将此项技能磨炼至巅峰，他便前往罗得岛师从西塞罗的老师阿波罗尼乌斯·莫隆。

恺撒从莫隆处受益良多，许多人将他后来的成功归功于导师的指导。返回罗马后，恺撒成了军事保民官。公元前69年，他开始担任财务官，妻子科涅莉亚于同年去世。恺撒很快被派往西班牙担任保民官。据说恺撒曾在这里看着亚历山大大帝的雕像哀叹，在他们同龄时自己并未取得什么成就。恺撒感到了不安，也受到了鼓舞，他辞去公职回到罗马。积怨在雄心壮志面前显得很渺小，恺撒娶了苏拉的孙女庞培亚。

恺撒的第一个政治举动有些冒险。他花

△ 西塞罗出生于一个富裕的家庭，被认为是罗马有史以来最伟大的演说家之一

△ 公元前82年，苏拉以牺牲5万人的代价艰难地获取了胜利，最终夺取了罗马的控制权

重金去重建没必要修建的阿庇亚大道，还花了很多钱用于公共事务和竞技运动。尽管有风险，但这些举动还是有效的。恺撒赢得了选民的青睐，打败竞争对手登上了政治阶梯。恺撒为了证明自己绝不是一个唯唯诺诺的人，也为了迅速建立名望，他拿回了姑父的战利品，并依法追究从苏拉的大清洗中受益的人。

恺撒通往权力的第一步绝非容易。为了生存，他必须保持耐心、步步为营，有时还需要让步。最终他才能成为罗马有史以来最伟大的领袖之一。

据说
恺撒曾看着
亚历山大大帝的雕像哀叹，
在他们同龄时
自己并未取得
什么成就。

△ 科涅莉亚分娩后去世，奥莱莉娅将孙女茱利亚抚养大

知子莫若母

由于父亲的社会职位和早逝，恺撒一生中没有见到过一个强势的父亲形象，但他却有一位了不起的母亲。首先，她的家族成就远胜于古老的父系尤利乌斯家族，她的父亲和 3 位兄弟均为执政官。尽管尤利乌斯家族可能是维纳斯的后裔，但恺撒母系一族强大的政治力量对恺撒的帮助最大。

奥莱莉娅是罗马优秀女性家长的典范，她严厉、美丽、聪慧、受人尊重。她决心要将儿子抚养成一个同样受人尊敬的人，对恺撒的教育、比赛和娱乐项目都严格管理。奥莱莉娅还让恺撒师从名师，选择理想的结婚对象。也正是奥莱莉娅代表她的儿子获得了维斯塔贞女（侍奉炉灶和家庭女神维斯塔的女祭司）的青睐，并说服了残酷的苏拉停止对恺撒的威胁。在剩下的几年里，奥莱莉娅将继续在儿子的生活中扮演重要角色，时刻盯紧恺撒的情妇。

△ 奥古斯都等后面出场的人物将继续强调皇帝与众神的联系

众神降临

在恺撒上台执政期间，他一再提到他与女神维纳斯的关系，这在今天会被视为戏言。然而在罗马，这一言论却令人印象深刻。维纳斯是爱的女神，是最重要的神祇之一，也是胜利与生育的女神。恺撒一直想强调自己与维纳斯的血缘关系。

公元前 69 年，在恺撒姑姑的葬礼上，他公开宣布自己是维纳斯的后裔。当他在内战中与庞培正面交锋时，两人都为维纳斯的支持而战。据说庞培害怕恺撒与女神间的紧密关系。恺撒发誓说，如果他在公元前 48 年的法萨卢斯战役中击败庞培，便会为女神建造一座神庙，而他最终的胜利让他与女神的关系更广为人知。他兑现了诺言，在恺撒广场上为女神建造了一座神庙。恺撒在整个统治期间都与自己最强大的“祖先”保持着联系，所制作的硬币正面是领袖的形象，背面则是维纳斯的形象。

恺撒的掌权之路

Caesar's rise to power

一个人的野心和天赋
是如何让罗马从共和走向独裁的？

从公元前 100 年恺撒出生，到公元前 49 年他破釜沉舟掀起反叛，罗马元老院就是一个战场，他们的权力被狡猾、阴谋和武力夺走。这个火药桶在公元前 88 年引爆了一系列内战和叛乱中的第一次冲突，保守派精英与日益壮大的平民派展开了战斗。罗马到处都是演说家、士兵和政治家互相夺权的场景。在盖乌斯·尤利乌斯·恺撒的身上可以看到这三种身份的影子。

恺撒知道自己能做什么，想要什么，当恺撒看到机会时，他抓住了机会。他的狡猾、冷酷和野心将改变西欧乃至其他地区的面貌。经过几十年的愤怒和抗议、崇拜和奉承，要想最终阻止恺撒的幻想，只有杀了他。即使他的血液在元老院地板上冷却，毫无疑问的是，他带来的改变也是不可逆转的。

恺撒从小就展现出了利于他在腐败的罗马政界前进的品质。公元前 82 年，当恺撒 18 岁时，他的家族正处于危险的境地。他们通过联姻与炙手可热的执政官盖乌斯·马略捆绑在一起，因此，当马略的死敌苏拉武力夺取政权时，他们必须向这个新政权投降以求生存。

苏拉命令恺撒放弃朱庇特祭司的职位，并与马略老盟友辛纳的女儿科涅莉亚离婚。带着濒临自杀的固执，恺撒拒绝妥协并藏了起来，直到他母亲说服苏拉给恺撒留一丝喘息的余地。恺撒没有茫然地等待苏拉的原谅，而是迈出了第一步，也是他漫长而卓越的职业生涯的第一步。他参军后前往亚洲为帝国而战。他很快在战斗中证明了自己——他因救了一名士兵的命而赢得了槲叶环。

> 尽管恺撒与克利奥帕特拉的爱情是一段传奇，但因为她不是罗马公民，恺撒无法迎娶。

这种对战友的奉献精神将是恺撒在军队生活中的基石，因为他知道士兵的尊重和忠诚是多么重要。然而，当他被派去从卑斯尼亚国王尼科梅德斯那里游说要舰队时，他无瑕的名声受到了威胁。恺撒在尼科梅德斯的宫廷里待了很久，有消息说这位年轻的士兵与国王有染。不管这谣言是否属实，恺撒抓住一切机会予以强烈否认。虽然谣言从未完全消失，但这并没有阻挡他前进的脚步。

恺撒之前的罗马

在恺撒登上元老院议席之前，罗马的政治体系被分成两部分：贵族派和平民派。每一位政治家都表明了他们对自由的信仰，但问题是，这两个群体对自由究竟意味着什么有着不同的看法。

元老院已经变成了一个由贵族派把控的私人俱乐部。在那里，特权、地位和人脉意味着权力。然而，这种自由主义理想对平民派来说意义不同，平民派在国民议会中发出了自己的声音。这两个团体都认为他们的行动是为了共和国的最大利益，并且都在宣言中使用了“自由”一词，但是他们几乎没有达成任何协议，导致政治局面十分混乱。

平民派和保守派将在国民议会中为大众选票而战。尽管民意看似有利于平民派，但保守派也有很多赞成票。那些有能力在罗马境外旅行的选民往往会站在精英一边，而其他人则很容易受贿。对这种腐败的愤怒，加上政府在高卢和北非的军事失败，导致了任何一个担任执政官的人都地位不稳。

盖乌斯·马略被选为改善罗马海外军事行动的元帅并深受欢迎。当贵族派的将军苏拉因为同样的原因当选时，平民派惊慌失措，并试图召回他。愤怒的苏拉做出回应，处决了提出这一命令的保民官，并自封为罗马独裁官，挑起罗马的第一次内战。马略和苏拉一直在争夺权力，直到前者自然死亡后，反对苏拉的声音才彻底消失。苏拉在剩余的任期中致力于削弱平民派的影响，增强保守派的力量。

当苏拉在公元前 78 年去世时，人们希望元老院中可以有人为他们发声，而尤利乌斯·恺撒已经准备好为他们而战了。

△ 恺撒最坚定的反对者之一马尔库斯·波尔基乌斯·加图在元老院发表演讲

当苏拉在公元前 78 年去世时，恺撒重返罗马的时机到了。他已经证明了自己是一名优秀士兵，现在是他展示其他才能的时候了。他涉足法律行业，充分利用了他的另一个伟大才能——他的声音。恺撒是一位有魅力和说服力的演说家，他充分运用了这一技巧。罗马的政治体系一直处于一种不平衡状态，即占据元老院的富有精英和反对社会不平等的平民派之间的不平衡。恺撒瞄准了贵族中的腐败，他的演讲天赋帮助他赢得了民众支持。恺撒需要人民的爱戴，他做出每一个举动后都会仔细观察他们的反应。

他颇受欢迎的原因不仅仅是他在法庭上哗众取宠的表现。公众都喜欢好的故事，而恺撒会投其所好编造好的故事。公元前 75 年，他在航行到希腊时被海盗抓获，海盗计划用他换取 20 塔兰特金子的赎金。恺撒不希望自己的赎金只有这么一点点，所以把这个想法告诉了他们。最后，他说服抓捕他的人把赎金提高到 50 塔兰特。

和恺撒一起传回罗马的故事内容是：他们之间弥漫着一种活泼、愉快的气氛，在这

“他从公元前 65 年的市政官升迁为公元前 63 年的大祭司，再到公元前 62 年升为裁判官，一直深陷债务之中”

种气氛中，恺撒承诺在他获释后，将追捕并杀死他们，作为对他们罪行的惩罚。海盗们并不相信他的话，这是一个致命的错误。恺撒一获释，就率领一支队伍将他们俘虏、囚禁并钉死在十字架上。这的确很残酷，但恺撒一直盯着人群，并表现出一定程度的仁慈。他下令先割开海盗的喉咙，以免除他们被处决的痛苦。毕竟，海盗们对他还是挺好的。

当小亚细亚爆发战斗时，恺撒获得了一个在战场上考验自己领导能力的机会。恺撒组建了一支军队，保卫罗马的领土，并让他的指挥官发动反击。他以英雄的身份回国，很快就被选为军事保民官，随后不久又被任命为西班牙南部和葡萄牙的财务官。

他在就任期间负责该地区的财政，这为他带来了一些为官和行政管理上的经验，是他以后的有利资本。当他回到罗马参加茱利亚姑妈的葬礼时，恺撒致了悼词，没有人再怀疑他的野心和自信。在这次发言中，他重申已故姑姑的显赫血统可以追溯到神本身。恺撒借此机会提醒大家，他也拥有神族的血统。神的后裔不会满足于只做一个行政长官。

回到罗马后，恺撒迈出了前往政治之路的第一步，并很快表明他不会停止前进的脚步。虽然恺撒宣扬反腐，但他却积极贿赂任何可能帮助他的人。尽管他从公元前 65 年的市政官升迁到公元前 63 年的大祭司，再到公元前 62 年升职为裁判官，看似前途无量，但事实上，他一直深陷债务之中，并面临着一些可怕的敌人——特别是看似清廉的元老马尔库斯·波尔基乌斯·加图（或小加图）。

当恺撒被迫从接连两起丑闻中脱身时，一次对他来说几乎致命的打击发生了。许多人认为，他参与了喀提林刺杀时任执政官的计划。同时他被迫与妻子离婚，因为妻子对善德女神丑闻负有部分责任。前一个阴谋涉及推翻政府，后一个阴谋显然是一个男人参加了一个全部由女性参加的宗教仪式，因而亵渎了这个仪式，这令人十分尴尬。恺撒为这两起丑闻付出了高昂的代价，他倾家荡产来消除事件对他所带来的影响。恺撒不仅需要更多的钱，还需要得到一些支持。

他的财政支持来自极其富有的马库斯·克拉苏。克拉苏年轻时曾与苏拉并肩作战，因此声名鹊起，但他真正的才能在于靠房产赚钱和买卖奴隶。恺撒的债务太重了，他甚至不能在还债之前离开罗马去西班牙就职。幸运的是，克拉苏看到了恺撒在公众中的人气，并同意帮他偿还一些债务，让恺撒得以继续在西班牙战争中取得更多胜利。

在帮助该地区摆脱债务之前，恺撒摧毁了反叛部落并掠夺了他们的城市。恺撒又一次衣锦还乡，成了一位英雄，随后他将目光投向执政官。他下定决心要获得这个职位，为了在截止日期前提出申请，他放弃了在城里举行阅兵式的机会。奉承可以等，但掌权

恺撒的登顶之路

在共和国实行独裁统治
需要进行一番严格的职业规划

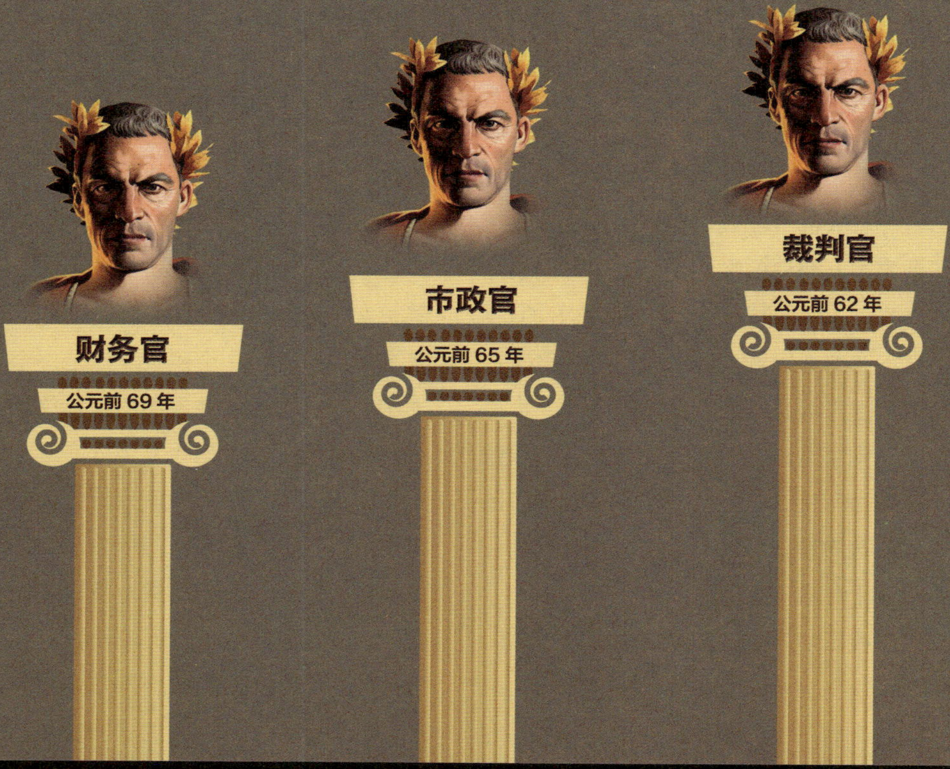

公元前 69 年，恺撒被选为贝提卡（Baetica，安达卢西亚）的财务官。这一职位类似于结合会计职能的行政长官。恺撒监督该地区的财政，并在必要时进行调查。这一角色可能激发了他对一个运行严密的帝国的憧憬，以及他后来对罗马基础设施的创新。

市政官负责组织娱乐活动并维护罗马的公共建筑和市场。恺撒利用这一职务，与 640 多名角斗士举办了大型角斗士比赛，赢得了公众的青睐。元老院对这件事所带来的热度保持警惕，并对一个人所拥有的角斗士数量进行了限制，但很显然恺撒知道民众想要什么。

裁判官的工作内容结合了市政官和财务官的职责。他们是被任命监督民事事务的高级行政长官，而其他事务则由专门的法院负责。在没有执政官的情况下，裁判官掌权。就在执政前夕，恺撒的对手们开始变得焦虑，因为他没有展现出丝毫放慢脚步的迹象。

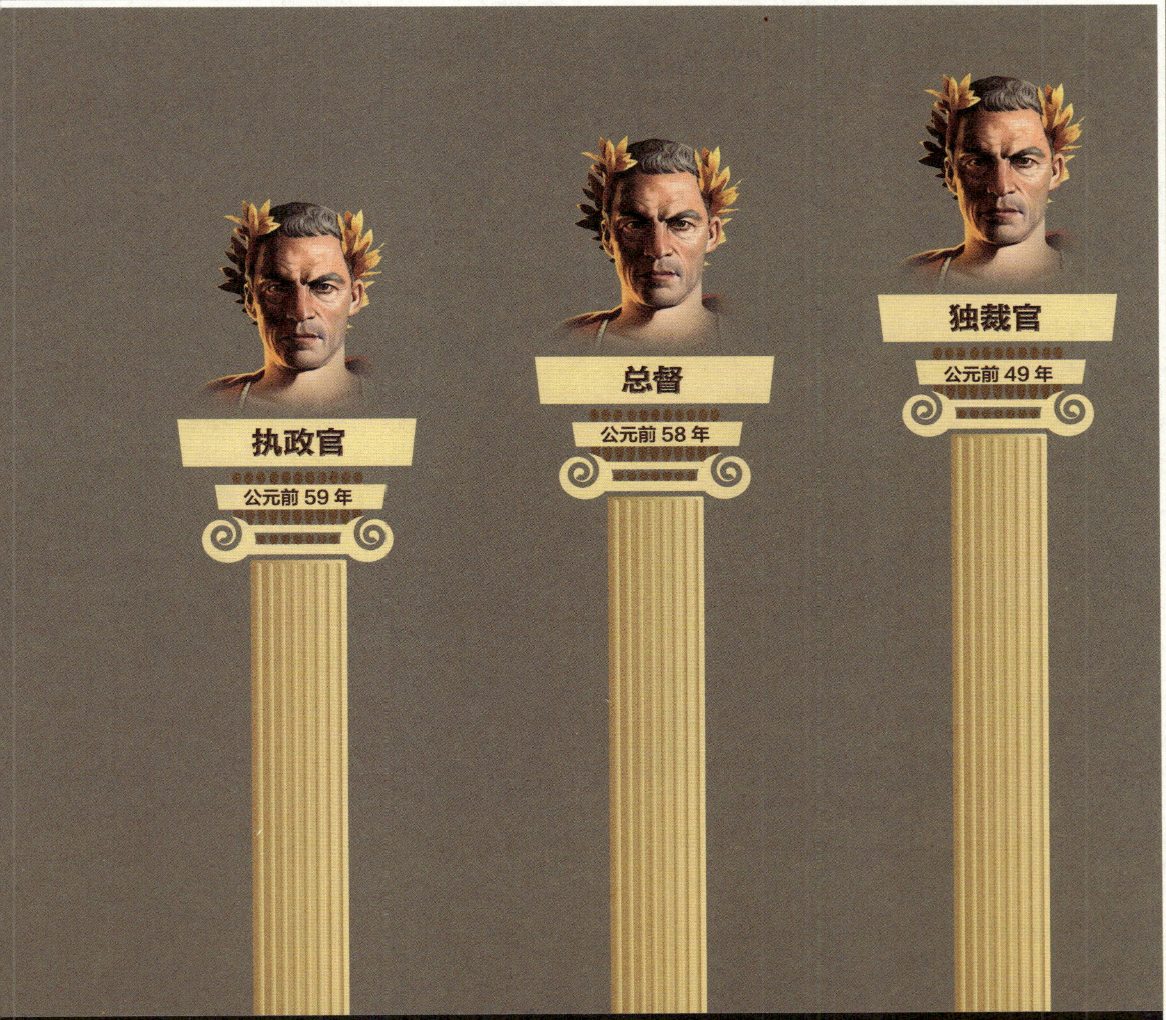

执政官是罗马人废除君主制后建立的由两个人共同担任的总领职务。由于执政官控制了共和国的财政、军事和司法系统，这个职位也带来了很大的权力。尽管执政官应该听取元老院的建议，但在他们结束任期之前，元老院不能对他们进行审判。

地方总督是一个地方职位，与执政官的许多职责相同。通常情况下，执政官之后的职位就是总督，这个职位有利可图，权力强大，且在任期结束前没有被起诉的风险。作为高卢总督，恺撒将现如今的法国和比利时纳入帝国之中，并冒险远征不列颠。

“独裁官”是一个临时授予的，可以全权处理军事紧急情况的行政长官头衔。恺撒在公元前 49 年被任命为独裁官，但是他成功地把这个头衔攥在了自己手中，之后在公元前 44 年成为终身独裁官。这样一来，他担任独裁官的年限就不受限制了，而非在相应的情形结束后任期结束。

不能等。

他可能十分有钱，当然也很受欢迎，但恺撒知道，他需要用武力来打击元老院中的敌人，让他们保持沉默。他脑中灵光一闪，转而成为一位受人尊敬的将军。与此同时，克拉苏有个非常难缠的死对头格涅乌斯·蓬佩尤斯，也就是著名的庞培。公元前62年，庞培从叙利亚和犹太的战役中归来，这些战役非常成功，让罗马元老院感到紧张。为了限制他的权力，他们对他的要求（批准他缔结的条约）和他对士兵所做的承诺视而不见。这位将军渴望给某个能够把事做成并且能够让他重拾骄傲的人提供支持。

普遍观点认为恺撒是通过剖宫产出生的，尽管这种做法在罗马时代确实存在，但恺撒并不是这样出生的。

恺撒使克拉苏和庞培相信，权力的好处值得他们抛开分歧，并在公元前60年形成了前三头同盟。为了达成协议，庞培娶了恺撒的女儿茱利亚，而恺撒娶了克拉苏一个朋友的女儿卡尔普尼亚。这个政治联盟吓坏了元老院，尤其是加图，他直接站到了这位雄心勃勃的候选人的对立面。

接下来发生的是一场肮脏而卑鄙的政治运动，甚至连以诚实著称的加图也被迫以贿赂的方式来阻止恺撒。但这并不起作用。凭借金钱、武力和狡猾，他的竞选之路势不可当，恺撒在公元前59年被选为执政官。

恺撒在任执政官期间强化了他冷酷无情的名声。如果他的说服力还不够的话，庞培的士兵们会恐吓元老院的任何反对党。恺撒的联合执政官（加图的女婿）毕布路斯不住地抱怨他受到的恐吓和忽视，以至于这位联合执政官最终为了自己家人的安全而逃离。据传庞培的士兵甚至把一桶粪便倒在他的头上。恺撒还因不同意加图的意见而监禁他，并利用庞培的士兵清除反对派的势力。恺撒的做法太离谱了，他一旦辞职肯定会因罪行而受到审判。恺撒深知这一点，于是他不顾加图的反对，将高卢总督的任期延长到5年，以便他在被起诉前离开罗马。是时候让恺撒面对更大规模的冲突了。

加图担心恺撒会利用他在高卢的地位挑起冲突，他的担心被证明是合理的。恺撒立即着手挑起瑞士部落赫尔维蒂人的战争，这相当于扣响了旷日持久、波及面甚广的激烈竞选大赛的发令枪。他的攻击无情又大胆，他对敌人的反应机智又准确。

前57—前55年，恺撒征服高卢和日耳曼部落，随后他乘船前往不列颠。尽管他并没有在英吉利海峡两岸取得持久成功，但正如加图所担心的那样，有关恺撒壮阔功绩的故事被传回罗马。有消息传到元老院，说高卢在公元前53年被平定。加图可以宣称恺撒的行为是为了他自己而非帝国的利益，但是人民因为恺撒保护罗马而爱戴他。恺撒十分懂得如何取悦大众，他在冬天于意大利附近扎营，让自己的胜利故事（更不用说财富）流入境内。

就在他在北欧发动战争的时候，恺撒意识到他作为总督的时代马上就要结束。他

△ 第十军团的旗手带领冲锋队进入不列颠的土地

非常清楚，一旦回到罗马，无论是作为执政官还是作为将军，他都将面临一系列的指控。他在德意志发动野蛮激烈的战争以避免失去声望。但恺撒越是远征，他积累的财富就越多，征募的士兵就越多。与罗马主将不同的是，这些来自高卢和德意志的人对帝国没有忠诚，他们只忠于自己的将军，恺撒给了他们丰厚的回报。

恺撒回到罗马后，元老院充分见识了他的残酷战略和不断增长的军事实力。为了确保尽可能顺利地进行对他的审判，他们与恺撒的老朋友庞培结盟。恺撒与庞培的关系一直建立在庞培与恺撒的女儿茱利亚婚姻的基础上，但恺撒的女儿在公元前 54 年去世。三头同盟的第三人克拉苏，在 53 年与帕提亚人战斗时死亡，庞培越来越嫉妒恺撒的成功和声望。三巨头之间再无任何牵连，元老院明白庞培会质疑恺撒的忠诚。

前三头同盟

这三人由恺撒亲自召集，
在财富、军事力量和政治手段方面形成了完美的平衡。

恺撒

克拉苏为前三头同盟提供黄金，庞培提供军事力量，恺撒带来了政治头脑和野心。要想调和两个仇家，困难程度可见一斑。但恺撒使其余两人相信，他执政所给予他们的回报将远远超过任何战争带来的收益。前三头同盟一经形成，恺撒就使用残酷的战术确保他能得到他想要的。他主持竞选活动的手段非常肮脏，这迫使以诚实著称的加图不得不通过行贿来确保他的女婿当选为联合执政官。

马库斯·克拉苏

恺撒需要财政支持才能竞选执政官，但克拉苏的财富来源并不光彩。他通过不正当的房地产交易、采矿业务以及奴隶买卖积累了巨额的个人财富。克拉苏有能力为恺撒的军事行动提供资金。一旦恺撒说服克拉苏放下与庞培的长期竞争，前三头同盟就等于拥有了一家银行。他最后与帕提亚人战斗而死，据说帕提亚人将他处决后，将熔化的黄金倒进了他的嘴里。

格涅乌斯·庞培

庞培是一位著名的将军，曾在苏拉手下服役。然而他在新政权下很恼火，因为其他两人没有履行他对叙利亚和犹太军队所做的承诺。庞培同意协助恺撒的竞选活动，以换取恺撒任命他做总督的保证。庞培与恺撒的女儿茱利亚结婚后双方达成协议，庞培的军队开始对恺撒的对手进行攻击和恐吓。然而恺撒去高卢后，庞培很快就开始嫉妒他的成功和声望。

△ 恺撒渡过卢比孔河进入意大利，使罗马共和国陷入内战

庞培在公元前52年被选为唯一执政官，来处理暴乱。他的成功获得了贵族的认可。庞培被自己的胜利和在元老院中突然崛起的声望所鼓舞，他确信将恺撒从政治舞台上清除是正确的选择。但事情并没有他想的那么简单。这时，高卢酋长维钦托利知道罗马暴乱，他的一次袭击几乎摧毁了恺撒。恺撒率军包围了酋长，多亏高卢的增援部队及时到达，罗马人险些战败。但幸运的是，恺撒在最后一分钟的反攻中赢得了胜利，最终征服

“庞培大受欢迎，
他深信把恺撒从政治舞台上清除是正确的选择”

法萨卢斯战役

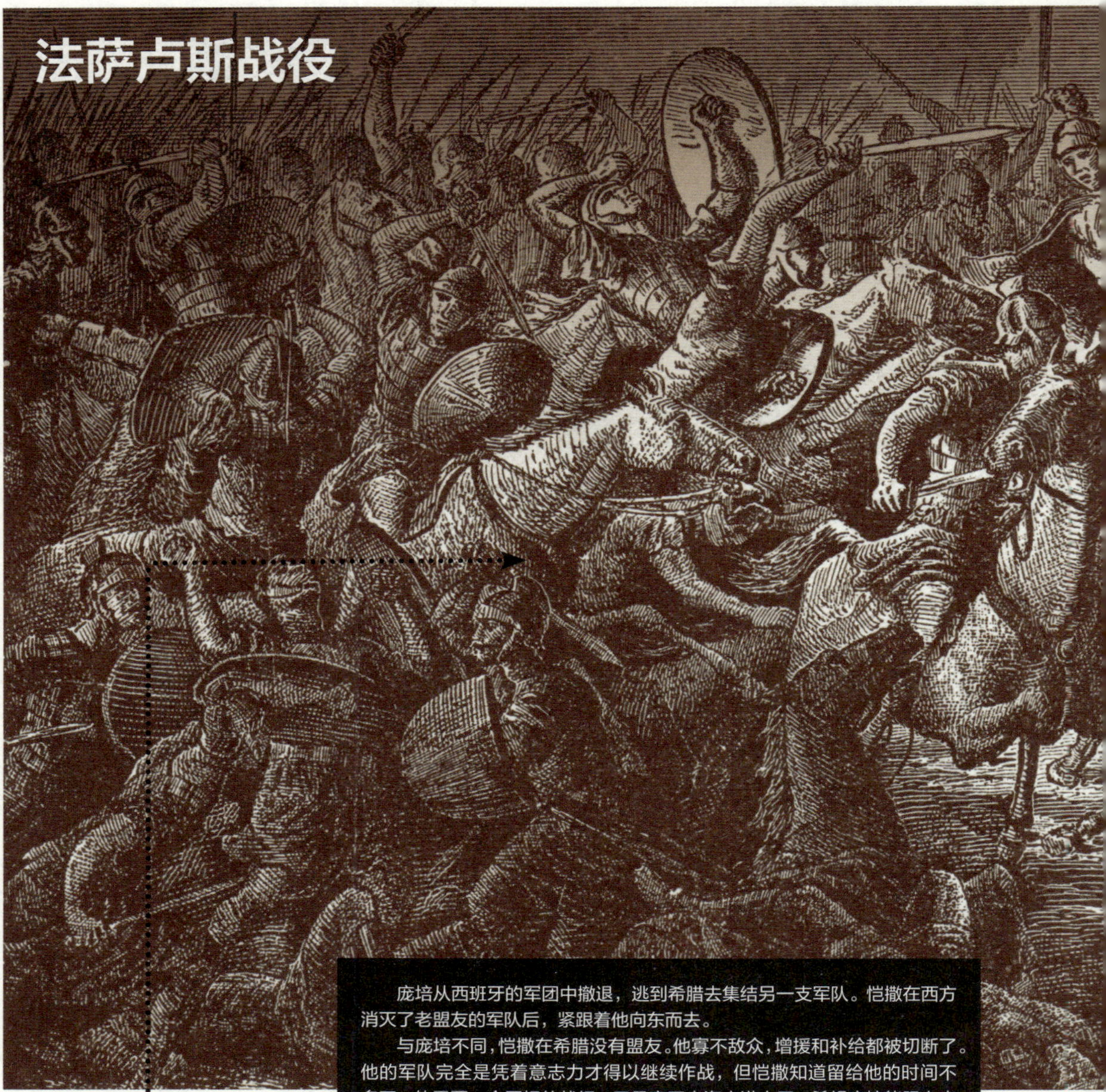

庞培从西班牙的军团中撤退，逃到希腊去集结另一支军队。恺撒在西方消灭了老盟友的军队后，紧跟着他向东而去。

与庞培不同，恺撒在希腊没有盟友。他寡不敌众，增援和补给都被切断了。他的军队完全是凭着意志力才得以继续作战，但恺撒知道留给他的时间不多了。他需要一个平坦的战场，于是离开大海走进山区，希望庞培能跟上来。

与此同时，庞培在底拉西乌姆大胜恺撒的军队，这使他感到振奋。但令庞培遗憾的是，如果他当初一鼓作气，就可以一劳永逸地打败敌人了。当庞培在法萨卢斯附近赶上恺撒时，庞培试图将恺撒饿死。恺撒却想诱使他公开战斗。两人陷入僵局，直到庞培这边失去耐心的元老告诉他他们想要胜利。

尽管庞培拥有位置更高的阵地、更好的补给和更精良的军队，但他仍使用了恺撒非常熟悉的战术。庞培要包抄恺撒的军队时，他没有看到对手已经制造了一个隐藏的第四步兵队列。侧翼骑兵冲锋，但没有预料到随后会遭遇凶猛的反击。按照指示，恺撒的军队用标枪向骑兵刺去，吓坏了庞培队伍中年轻的贵族指挥官，他们完全不习惯这种凌厉的战术。骑兵撤退了，第四步兵队列紧追其后，接着是新的第三队列。庞培的军队被击溃，庞培本人逃到了埃及。恺撒在内战的决定性战役中获胜。

背水一战

在恺撒几近战败之前，法萨卢斯战役是他的最后一战。如果恺撒在这里被打败，内战就会以庞培胜利返回罗马而告终。恺撒的军队明白这一点，他们的将军告诉他们：“此战必胜。”

第四队列

恺撒隐藏的第四步兵队列是胜利的关键。庞培已经准备好用侧翼骑兵冲锋，却没有料到敌方进行野蛮的突然袭击。恺撒命令士兵们用标枪瞄准敌人，这吓坏了庞培军队内那些没有经验的士兵。

山地

恺撒被切断了补给和增援，随后他引诱庞培进入山区，在那里他自己也将举步维艰。庞培在希腊的朋友期盼恺撒能在恶劣的环境中兵败，但一些元老则希望迎来一场更快、更光荣的胜利。

了高卢。

公元前 50 年年末，恺撒正准备返回罗马。元老院命令庞培和恺撒都交出权力。但恺撒不想因自己的罪行而受审，并计划退出执政官竞选。他希望他在战争年代建立起来的声望能让元老院允许他这样做，同时他发表了一篇关于他在高卢战争中表现的报道，提醒公众他曾经勇敢地取得军事行动的胜利。有关高卢战争的报道是用颇具力度和感染力的语言写成的，不仅仅受过良好教育的精英可以阅读，其他任何人都读得懂：庞培只在意包厢里的人，而恺撒在向整个剧院演说。尽管如此，元老院还是拒绝了他，要求恺撒交出军队指挥权，回到罗马去面对他的指控者。

庞培和恺撒并不总是对手——事实上，公元前 59 年，庞培还娶了恺撒的女儿茱利亚

公元前 49 年 1 月 10 日，恺撒基本上已经别无选择了。如果按照元老院的要求行事，他将面临起诉，他所做的一切工作就都白费了。如果他不遵从元老院的指令，就会被视为想发动战争。

有传闻说，恺撒前一天晚上坐立不安，好像在跟一个鬼魂说话。无论发生了什么，无论他有什么犹豫，一切都在早晨消失了。恺撒集结兵力，开始改变历史进程。“木已成舟。”他宣布，并渡过卢比孔河从高卢进入意大利北部。在与元老院的敌人的冲突持续了几十年之后，他们终于开战了。

元老院对恺撒的军事力量和胆量充满恐惧。恺撒在意大利进军时几乎没有遭遇反抗。庞培轻率地以为，恺撒会在春天才发动进攻，所以他的大部分兵力仍驻扎在西班牙。经过仔细考量后，庞培宣布他将向东航行到希腊去筹集一支军队，任何反对这一计划的人都将被视为叛徒。庞培离开后，恺撒召集了几乎被抛弃的元老院，批准在西班牙的军事行动。

庞培东逃时，这位新任独裁官不失时机地在西部的军队中杀出一条血路。庞培的剩余军队正面临着一支坚定且经验丰富的军队，恺撒的战役迅速而残酷，仅用 27 天就将他的对手击溃并追至希腊，当时庞培正试图在那里再组建一支军队。恺撒突破了毕布路斯设置的一个路障，却被切断了补给和增援。

随后的战斗是灾难性的，恺撒和他的军队已经步入绝境。庞培效仿恺撒在高卢的策略——让他的敌人挨饿。恺撒不能坐以待毙，如果他想赢，就只能在战场上。最后，两军在法萨卢斯遭遇，恺撒在那里取得了惊人的决定性胜利，获得了压倒性的优势。庞培又一次失败了。

庞培向南逃往埃及，恺撒回到罗马，宣布自己是独裁官，但仅仅 11 天后就辞职了，并开始再次追击敌人。不过，庞培和恺撒并没有再次开战。庞培被他寻求庇护的人出卖了。少年法老托勒密十三世将庞培的尸体作为贡品献给恺撒，但随后的事情却没能如法老预料的那般发展。恺撒为庞培痛哭不已，下令处决那些杀死他敌人的人。他极权路上的最后障碍已经荡然无存。

恺撒在尼罗河上眺望，明白了这样的权力意味着什么。据传，克利奥帕特拉被人裹

在毯子中偷偷带入恺撒的房间，随后恺撒爱上了她。出于对克利奥帕特拉的同情和对庞培被处决的愤怒，恺撒在埃及内战中与她一起对抗她的弟弟托勒密。随后的战斗被称为“亚历山大之围”，托勒密拒绝了恺撒的和平提议，最终付出了代价，在尼罗河战役中溺水身亡。埃及女王声称与情人恺撒有一个儿子名叫恺撒里昂，但恺撒永远不会承认这个男孩是他的。克利奥帕特拉登上埃及王位后，恺撒乘船前往小亚细亚，以平息法老领导的叛乱。胜利手到擒来，而恺撒在此说出了旷世名言“我来，我见，我征服”（Veni，vidi，vici）。但这句话并不单指这场战斗，恺撒已经势不可当。

恺撒在庆祝胜利时明白，他已经在国外待太久了，此时需要建立并维持他在罗马的权力。极致的权力对他来说至关重要。他在公元前 48 年被任命为罗马独裁官，任期一年。他用这段时间来扫除威胁他统治的最后抵抗力量，包括庞培在西班牙的儿子和在突尼斯尤蒂卡的行踪不定的加图。恺撒为了追捕加图带兵前往北非，并在那里一举击败了西庇阿的军队。在最后的反抗行动中，加图因不想面对由恺撒独揽大权的帝国而选择自杀。元老院任命恺撒为独裁官作为对他取得胜利的褒奖。庞培的支持者们大势已去，恺撒回到罗马开始改革帝国。他的计划包括 3 个方面。他需要确保没有人再对他进行军事抵抗；他需要处理罗马在战争年代积累的沉重债务；他需要把帝国从一个各地方政权的集合体变成一个完整的国家。从前 48 年到前 44 年被暗杀，恺撒证明了他远远不只是一个军事独裁者。他不仅为罗马帝国的未来奠定了基础，还迈出了决定性的第一步。公元前 44 年的 3 月 15 日，在元老院密谋暗杀恺撒的 60 多人也许成功完成了他们的任务，但恺撒早已为时代留下了宝贵的遗产。

独裁官恺撒

在他的统治期内，恺撒利用人民的认可为自己牟利。恺撒击败庞培回到罗马，但他始终在犯错。当他庆祝自己在西班牙战胜庞培的儿子时，人们认为这是一种严重的失礼，因为举办这样的庆祝活动应该是因为战胜外国敌人，而不是前执政官的儿子。

然而，他的政治改革解决了许多人所关注的一些重大问题。他明白，如果罗马真的要成为一个帝国，就不能阻止生活在罗马统治下的人从其他地方获得好处。鉴于此，他向生活在高卢的人们开放了公民身份，并鼓励人们迁移到帝国的领地。他减轻债务，确保为他而战的士兵有安身之所。他还引入了新的日历，将月份与太阳活动关联起来。

为了确保元老院中的人尽可能地赞成他，恺撒扩大了元老院规模。现在，每个职位的候选人都在增加，这使得反对他的贵族精英在多数人中所占比例降低。尽管恺撒穿着国王的紫色长袍，坐着元老院的宝座，头像印在帝国的硬币上，但他还是小心翼翼地保持着自己是一个正式选举出来的官员的形象。他忠诚的将军马克·安东尼能够走上政治舞台，追捕暗杀恺撒的人，足以显示这位已故统治者在担任罗马独裁官的岁月里极受欢迎。

△ 克拉苏死后，庞培和恺撒一直存在争执，直到后来内战期间成为对手

前三头同盟

The First Triumvirate

歼灭敌人时需要重创，
找准时机猛击亦能奏效

如果你想控制罗马共和国，会怎么做？尤利乌斯·恺撒找到了另外两个志同道合之人，他们三人共同掌管元老院。

庞培曾当选过几次执政官，第一次是在公元前 70 年与克拉苏共同担任。尽管两个人本来是为了维持和平才共同担任最高职务，以免一方为自己揽得过多权力。但共同执政也引起了二人的对抗，庞培和克拉苏根本就是同一种人。克拉苏最想要的是军事大权，他通过影响元老院的决策，竭力阻止在军事上经验更丰富的庞培获取军事权，但最终失败。

公元前 73 年斯巴达克斯起义时，二人之间的紧张关系就已出现端倪。克拉苏派遣军队来镇压奴隶的叛乱，但事态开始恶化。他要求元老院派兵增援，元老院便派庞培带兵出征。斯巴达克斯在战斗中被克拉苏的部队杀死，逃亡的追随者被庞培部队杀害，庞培最后宣称赢得了胜利。从那以后，二人结怨。

但尤利乌斯·恺撒却可以将此二人聚在一起。恺撒对荣耀和权力有无限的渴望，公元前 60 年时他便接触了这二人。恺撒要将罗马最有权势的 3 个人联合起来迎击所有反对的声音。这 3 个人都有自己烦恼的事情。庞培在东部与米特达拉梯（小亚细亚本都国国王）作战之后刚刚回到罗马，希望元老院批准他用东部地区土地安排退伍老兵，但遭到拒绝。克拉苏虽然拥有巨大的财富，但仍极力争取亚洲的税收，并希望有一个政客能在元老院中为他的利益发声。恺撒意识到克拉苏会对他有巨大的经济帮助，而且克拉苏也愿意赞助恺撒成为罗马最高祭司。恺撒希望在他成为执政官候选人之前先建成三头同盟。有这样有权势的人在后面支持，他怎么可能选不上？

> 克拉苏死后，帕提亚人将熔化的黄金倒入他嘴中，以象征他的贪婪。

这三人私下达成协议联合起来。他们的唯一目的就是利用彼此绕过元老院并进一步实现个人目标。不出意料，他们通过联姻联结在一起。恺撒的女儿茱利亚嫁给了庞培，看上去是天作之合。与此同时恺撒娶了克拉苏密友兼藩属国王皮索的女儿卡尔普尼亚。

公元前 59 年，随着恺撒当选执政官，同盟渐入佳境。然而不利的一面是，与恺撒共同担任执政官的是与他关系不佳的小加图的

△ 演说家西塞罗拒绝加入三头同盟，但被放逐后不得不恳求返回罗马

朋友与敌人

如您所料，前三头同盟既有支持者也有敌人。西塞罗，这位政治家和演说家坚定地支持同盟，坚决反对元老院的贵族派。西塞罗与同盟关系良好，他在被流放后请求庞培和恺撒帮助他回到罗马，最终于公元前 57 年返回。甚至有人认为西塞罗最初被邀请加入三头同盟。虽然他拒绝了，但仍继续提供法律服务。他的朋友卢修斯曾于公元前 60 年与恺撒一起竞选执政官，但最终并未成功。

三头同盟的敌人可能比朋友还要多。与恺撒同为执政官的毕布路斯是贵族派一员，这些保守派希望能遏制住平民派的激进改革。他们的另一个对手是小加图，他后来曾抨击三头同盟擅自延长任期。

有一个人曾因反对恺撒、庞培和克拉苏，最后反而促成三头同盟的诞生，他就是卢修斯·李锡尼·卢库鲁斯。卢库鲁斯是贵族派成员，在东征亚美尼亚时险些将帕提亚人卷入战争，因此被强制撤职。庞培接任他的职务，战功斐然。执政官昆图斯·凯基利乌斯·梅特乌斯·凯莱尔投票反对庞培的退伍军人聚居地方案时，庞培没有理由不与恺撒和克拉苏联手。

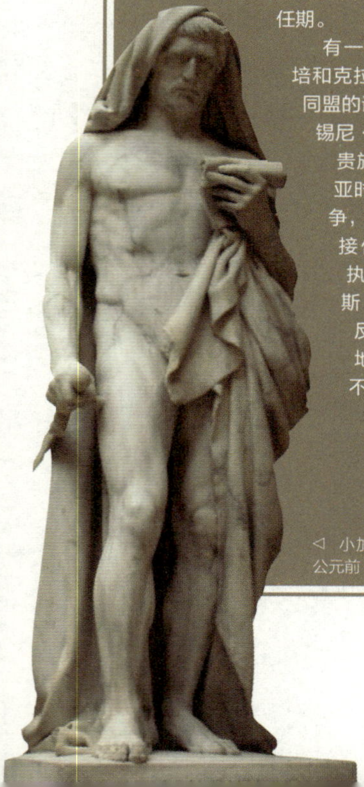
◁ 小加图对恺撒掌权心怀怨恨，于公元前 46 年自杀

好友——马尔库斯·卡尔普努尼斯·毕布路斯。恺撒通过的第一项法律是将所有元老院的辩论和办事程序对公众开放，在平民派中将自己塑造成英雄形象。此时恺撒满足了庞培的愿望，毕布路斯便成了三头同盟的眼中钉。

恺撒设法制定了一项土地法案，在意大利一块未使用的土地上安顿庞培的退伍军人。该法案措辞巧妙，挡住了所有政治阻力。随后，他亲自向元老院宣读了法案的每一条并进行公开辩论，承诺会删除任何他们认为不妥的部分。他甚至把自己排除在与法律有关的监督委员会之外。

但是，小加图反对该法案并挑起事端，其他保守派人士也随之请愿。经过多次会议和多场辩论，小加图丝毫不让步，与恺撒共同担任执政官的毕布路斯也唯小加图马首是瞻。恺撒忍无可忍，直接将法案内容公之于众。恺撒在一次公民大会上讲话时，公开询问毕布路斯的意见，毕竟法案通过需要两位执政官同时支持。但是毕布路斯拒绝让步并告诉他的同伴，即使其他所有人都希望法律通过，该法律也永远不会通过。毕布路斯的垮台由此开始。

三头同盟中的庞培和克拉苏一直都处在罗马政治的阴影中，此刻他们站在人群中大声表达了对恺撒的支持。毕布路斯和贵族派竭力阻止，毕布路斯甚至以适逢公共假期和有不祥征兆为由试图终止投票。恺撒在巨富克拉苏的帮助下已成为大祭司，只有他有权力宣布不祥征兆，而不是毕布路斯。恺撒投票给了卡斯托尔神庙。毕布路斯试图做最后一搏要否决整个过程，但并未成功。这时一篮子粪便被扔在了毕布路斯头上，贵族派也都被赶走了。投票顺利通过，庞培获得了土地，从此恺撒开始独自掌权。三头同盟势不可当，在罗马拥有了绝对的权力。恺撒通过元老院推动了许多改革，使三人都得到了好处。他批准了庞培对近东地区布局的改变，为城市贫困户和庞培的退五军人分配土地，并确保克拉苏的罗马骑士盟友们在财政措施上有利可图。

公元前44年恺撒去世后，马克·安东尼、雷必达和屋大维组成了后三头同盟。

恺撒任期结束后，他的盟友遍布整片罗马领土。这时，三人间的关系也有了罅隙。庞培和克拉苏留在罗马时，恺撒作为高卢总督带领4个军团前往高卢。到公元前56年，三人关系开始变得脆弱。庞培因其军事和政治权力对恺撒而言仍然很重要，克拉苏却显得微不足道了。这时，有个保民官克洛狄乌斯与庞培作对，但克拉苏和元老院都未出手相助。庞培开始变得偏执，坚信克拉苏打算杀掉他。一切都在分崩离析。

恺撒在冬天短暂地回到了罗马试图维持三头同盟。克拉苏和庞培同意留下来，但前

“三头同盟在罗马拥有无上的权力，势不可当”

△ 恺撒看到他之前朋友庞培的首级时被吓住了

△ 克拉苏被认为是罗马共和国晚期最富有的人

提是他们能拥有军队。庞培被分到了伊斯帕尼亚行省（西班牙），克拉苏分到了叙利亚行省。其间恺撒向帕提亚发动了战争，展示出了他的军事能力。

同盟还决定，克拉苏和庞培将在公元前 55 年共同成为执政官，恺撒在罗马的部下会全力促成此事。执政官任期结束后，他们二人将到伊斯帕尼亚行省和叙利亚行省享受退休生活。恺撒在高卢的任期再延长一些，他们三人便可以同时卸任。如果恺撒先回到罗马，又有谁能阻止他独揽大权呢？三头同盟又重回正轨。

两年后的公元前 54 年，茱利亚因难产去世，三人受到沉重打击。茱利亚是恺撒和庞培都深爱的人，是他们俩的情感纽带。几天后，茱利亚的孩子也夭折了。失去了茱

△ 庞培（前 106—前 48 年）的版画

△ 恺撒娶了第三任妻子卡尔普尼亚得以巩固三头同盟的关系

△ 克拉苏与庞培关系紧张始于斯巴达克斯起义

利亚从中平衡，恺撒和庞培之间不可避免地发生了争吵。虽然三人貌似团结一致，但最糟糕的时刻即将来临。

公元前53年，克拉苏在卡雷亚战役中与帕提亚帝国作战。他的部队被打得七零八落，双方的休战谈判也不成功，最后克拉苏和他的部下被杀。三头同盟正式终结。

庞培发现恺撒通过领导高卢战争权力越来越大，他决定联合地方行政官来增强自己的实力。但庞培没料到的是恺撒多年前就已经这样做了，庞培完全没有可能会赢得战争。

为了和平相处，恺撒将侄孙女屋大维亚献给了庞培，希望两人能够结婚让一切平息下来。庞培拒绝了恺撒，二人关系破裂，整个罗马弥漫着不安的气息。

触发两人终极矛盾的是庞培被任命为唯一的执政官，而恺撒却无任何职位。庞培还利用反腐法案不给恺撒留任何机会。罗马的内战氛围与日俱增。公元前49年，恺撒渡过卢比孔河之后，内战爆发在即。

曾经是同盟的恺撒和庞培在内战中成了敌人。庞培想为共和国而奋斗，而恺撒则希望进行彻底的变革。庞培逃离了罗马，受埃及托勒密十三世的照顾，但最后被国王的军官暗杀。恺撒听到消息后失声痛哭并杀死了刺客，但也许他对自己前盟友的死也暗暗感到高兴。3个盟友排除万难成为罗马的统治者，但只有一人仍然保持着胜利，而且他所向披靡。

△ 恺撒推动了前三头同盟的发展，他也是最后受益最多的人

△ 罗马市政广场的卡斯托尔神庙遗址，三头同盟在这里诞生并战胜了贵族派

图例
罗马帝国，公元前 49 年
高卢和不列颠尼亚的重要战争
重要内战战役
恺撒的行动轨迹
公元前 54 年
公元前 54 年
公元前 55 年
公元前 57 年
公元前 53 年
公元前 56 年
公元前 52 年
公元前 58 年
公元前 52 年
公元前 49 年，
恺撒渡过卢比孔河
贝尔达，公元前 49 年
罗马
西班牙
蒙达，公元前 45 年
努米底亚
毛里塔尼亚
塔普苏斯，公元前 46 年

恺撒的军事征服

Caesar's military conquests

在恺撒长期的杰出军事生涯中，
他的政治敏锐度和在战场上迅速思考的能力异常突出

“恺撒的军事生涯
见证了他在罗马各处赢得的胜利，
他不仅开拓了疆土，
还提升了罗马的影响力和威望”

美国将军韦斯利·克拉克（Wesley Clark）曾说，尤利乌斯·恺撒可能是历史上最伟大的两位军人政治家之一，另一位是亚历山大大帝。受到这样的赞誉可能会使恺撒大笑起来，毕竟他曾经感叹过自己的成就与伟大的马其顿统帅相比微乎其微。

恺撒的军事生涯见证了他在罗马各处赢得的胜利，他不仅开拓了疆土，还提升了罗马的影响力和威望。他的军事成就不亚于他的政治手段。

他在战术和战略上的灵活性使他能以各种方式取胜。他的招数很多，既可以在战场上歼灭敌人，又可以在不具优势时通过围攻或突袭的方式让整个城市投降。随着时间的流逝再去看古代世界，恺撒的一些战术会被认为触犯战争罪，但他同时也在克制和宽恕，尤其是与罗马同胞发生内战时。恺撒的影响力毋庸置疑。正如传记作家比尔·耶内（Bill Yenne）所言，他“奠定了五百年内罗马统治的基础”。

恺撒出生时，罗马已经是一个超级大国。在他成长过程中，战争司空见惯。他最初的军旅生涯以及被西里西亚海盗俘虏一事，证实了他具有残酷的潜质——他被勒索赎金，俘获了绑架者并折磨他们至死。

恺撒后来来到伊斯帕尼亚行省，在加的斯他见到了亚历山大大帝雕像。恺撒此时 32 岁，与其同龄时，亚历山大已经征服了已知世界。据称恺撒曾因跟亚历山大大帝比较后产生的挫败感而哭泣。与他的偶像相比，恺撒的巨大优势是亚历山大的军事生涯止于 32 岁，而他的生涯却刚刚开始。

▷ 德米恩·乔瓦尼的浪漫主义壁画展示了恺撒征服赫尔维蒂人的情形

1. 高卢，前 58—前 57 年

恺撒在 3 个行省担任地方总督长达 5 年，然后着手扩大罗马对高卢的控制

通常，总督仅管理 1 个行省，任期为 1 年，但是恺撒在罗马的强大盟友帮助他控制住了伊利里库姆行省（巴尔干半岛）的山南高卢人（意大利北部）和山北高卢人（法国南部）。

恺撒决定扩大罗马的影响力，他发现山北高卢人的疆域边界是一片广袤的大地，很多好战部落都在争取这片土地。

公元前 58 年，大量的赫尔维蒂人入侵高卢东南部，恺撒以 6 个军团拦截阻挠。公元前 107 年，罗马军队曾耻辱地被赫尔维蒂人击败，在恺撒看来，赫尔维蒂是高卢部落中最强大的一个。

赫尔维蒂人（现代瑞士民族的祖先）最终在比布拉克特（Bibracte）一场长达半日的残酷战斗中被打得七零八落。

恺撒的注意力又转向日耳曼部落，该部落在狡猾的阿利奥维塔斯（Ariovistus）的领导下也想攻进高卢。恺撒的 6 个军团攻下苏维汇人（Suebi）、马科曼尼人（Marcomanni）和尼美特人（Nemetes）3 个部落。佛日战役（Battle of the Vosge）中，日耳曼军迅速冲入罗马阵地，以至于前线无法发动传统的标枪齐射。罗马一直在战场上落于下风，直到普利乌斯·李锡尼·克拉苏命令预备役军团加强防线才扭转战局。

第二年，恺撒（现在拥有 8 个军团、约 4 万名士兵）带兵击败了贝尔盖人（Belgae）。他采取了逐个击破的策略，防止零散部落聚集成强大的军事力量。在萨比斯战役中取得最后胜利时，恺撒发起 3 次进攻大举入侵高卢，并将罗马势力远扩到了西欧。高卢战争使恺撒损失了约 18500 名兵士，但被他杀死、打伤或俘虏的人多达 25 万。

2. 不列颠尼亚，公元前 54 年

恺撒在已知领土上扩大了罗马的势力之后，对遥远的神秘土地产生了迷恋

日耳曼尼亚和不列颠尼亚是存在于神话和传说中的土地。日耳曼部落在公元前 58 年与恺撒在战场上相遇，不列颠凯尔特人在高卢也很有名。罗马想证明自己不惧怕任何人，深入这些好战人民领地的欲望越发强烈。

恺撒部队在公元前 55 年小规模渡过莱茵河只是牛刀小试。真正给日耳曼部落留下了深刻的印象的是，恺撒在短短 10 天之内在莱茵河上架起一座桥，入侵 18 天后撤离时又将这座桥摧毁。恺撒的意图已经很明显了。

恺撒对不列颠尼亚有更宏伟的计划。在罗马早期历史中，恺撒的计划还不为人知。但恺撒的行动表明他不仅要扩大罗马边界，还势不可当地要在未知领土上画出自己的地标。恺撒原本打算在不列颠尼亚建立一个永久基地，公元前 55 年跨过莱茵河只是完成一个侦察任务。

一年后返回罗马时，恺撒学到了很多宝贵的经验。他将竞选活动安排提前，为士兵们带来了更多补给，并使用吃水较浅的船进行了首次登陆，甚至还亲自率领 5 个军团（他先前在探查时只带了两个军团）。

登陆过程安排得井井有条，恺撒畅通无阻地迅速向内陆移动。不列颠人采取了突袭后迅速撤离的战术，引诱恺撒军团进入伏击圈，军团陷入了困境。恺撒在记述自己战争的书中写道：“所有不列颠人用菘蓝把自己染成蓝色，在战斗中显得很吓人。”

部落酋长卡西夫拉努斯顽强抵抗，这时罗马军训练有素就显现出了优势，最终不列颠人提出和平交涉。恺撒带着人质和不列颠人每年缴纳贡金的许诺返回高卢，再也没有涉足不列颠。

> “罗马正势不可当地扩大边界，并在未知土地上勾画蓝图”

▷ 恺撒在已知领土上扩大了罗马的势力之后，对遥远的神秘土地产生了迷恋

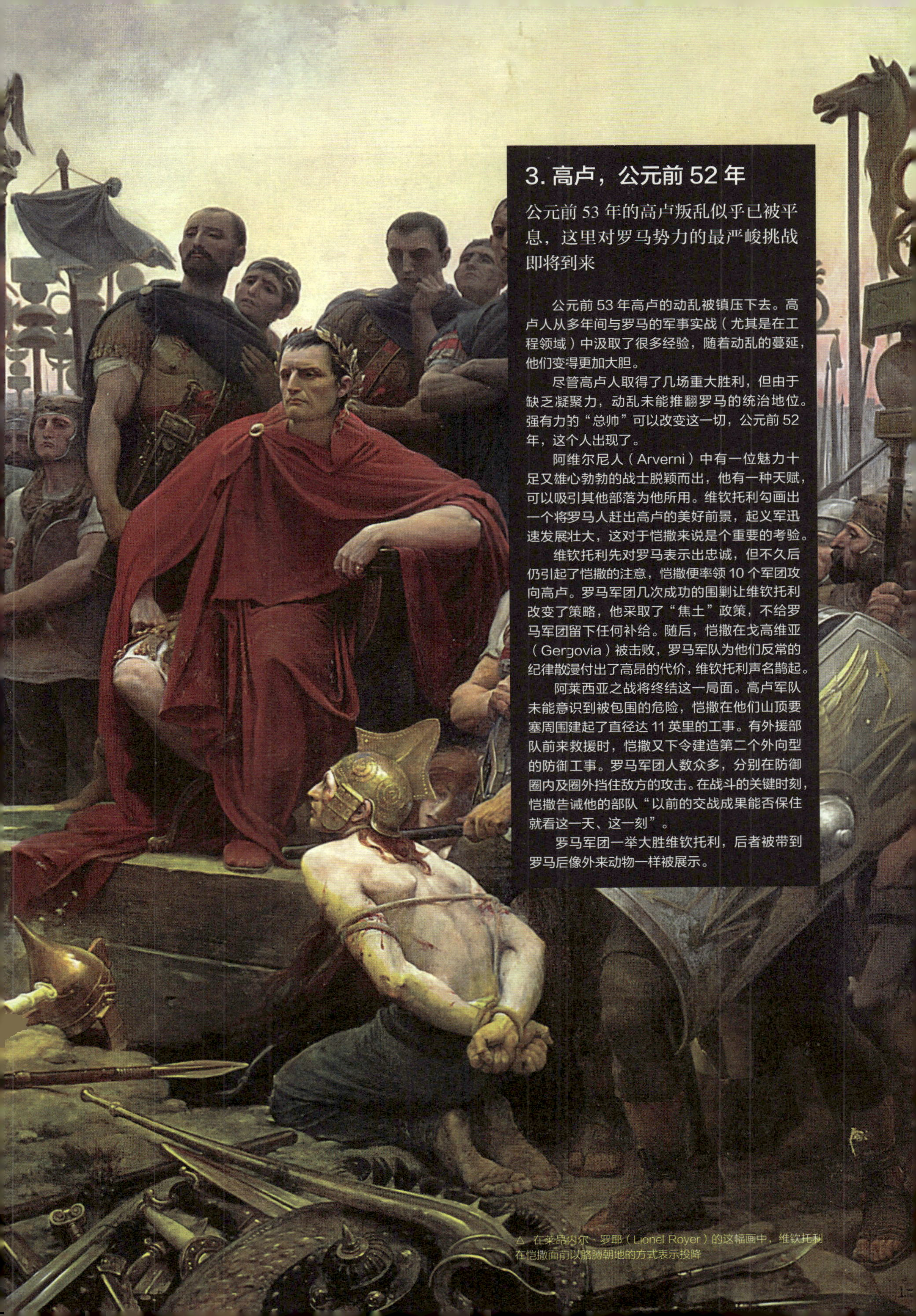

3. 高卢，公元前 52 年

公元前 53 年的高卢叛乱似乎已被平息，这里对罗马势力的最严峻挑战即将到来

公元前 53 年高卢的动乱被镇压下去。高卢人从多年间与罗马的军事实战（尤其是在工程领域）中汲取了很多经验，随着动乱的蔓延，他们变得更加大胆。

尽管高卢人取得了几场重大胜利，但由于缺乏凝聚力，动乱未能推翻罗马的统治地位。强有力的“总帅”可以改变这一切，公元前 52 年，这个人出现了。

阿维尔尼人（Arverni）中有一位魅力十足又雄心勃勃的战士脱颖而出，他有一种天赋，可以吸引其他部落为他所用。维钦托利勾画出一个将罗马人赶出高卢的美好前景，起义军迅速发展壮大，这对于恺撒来说是个重要的考验。

维钦托利先对罗马表示出忠诚，但不久后仍引起了恺撒的注意，恺撒便率领 10 个军团攻向高卢。罗马军团几次成功的围剿让维钦托利改变了策略，他采取了“焦土”政策，不给罗马军团留下任何补给。随后，恺撒在戈高维亚（Gergovia）被击败，罗马军队为他们反常的纪律散漫付出了高昂的代价，维钦托利声名鹊起。

阿莱西亚之战将终结这一局面。高卢军队未能意识到被包围的危险，恺撒在他们山顶要塞周围建起了直径达 11 英里的工事。有外援部队前来救援时，恺撒又下令建造第二个外向型的防御工事。罗马军团人数众多，分别在防御圈内及圈外挡住敌方的攻击。在战斗的关键时刻，恺撒告诫他的部队“以前的交战成果能否保住就看这一天、这一刻”。

罗马军团一举大胜维钦托利，后者被带到罗马后像外来动物一样被展示。

△ 在莱昂内尔·罗耶（Lionel Royer）的这幅画中，维钦托利在恺撒面前以胳膊朝地的方式表示投降

4. 塞萨利，公元前 48 年

内战将恺撒与庞培的竞争暴露无遗，恺撒不会对这位旧友手下留情

恺撒的实力不断增强，他在罗马的受欢迎程度已经加剧了庞培的困扰，庞培开始将他视为威胁。公元前 53 年克拉苏死后，前三头同盟不复存在，恺撒（平民派首领）和庞培（贵族派首领）之间的紧张局势逐渐升级。

公元前 49 年，恺撒带领十三军团渡过了卢比孔河。法律规定罗马将军不可以带兵靠近罗马，这显然违犯了法律。但支持恺撒的声音越来越响，庞培被迫忍辱撤退。尽管庞培在伊斯帕尼亚行省拥有 7 个亲兵军团，但他却转而东行而前往希腊。恺撒击败了庞培护军，最终与庞培本人对阵。庞培的许多士兵加入了恺撒大军，只要士兵肯缴械，即便是指挥官，恺撒一律赦免。

次年，再次当选为执政官的恺撒率领 12 个军团追捕庞培。在底拉西乌姆，庞培罕见地击败了恺撒，但未能乘胜追击，后来又溃败。恺撒评论说："如果敌方今天是由胜利者指挥战斗的话，那胜利应属于他们。"恺撒稍事恢复，一个月后在法萨卢斯战役中反败为胜。

两军在希腊的塞萨利省对峙，庞培的军队规模有明显优势，但部队人员来自不同的民族。庞培担心他的军队内部可能出现混乱，于是按兵不动，也因此失去了主动权，而恺撒的小规模军队却在前进。经过激烈的战斗，庞培的先头队伍被击破，继而大败。庞培茫然无措，只能撤退。据估计，庞培部队的伤亡人数为 1 万 ~ 2 万，而恺撒只损失了 2000 人。

△ 恺撒曾险胜庞培军队，几周后在法萨卢斯的混战中将其重挫

5. 埃及，公元前 47 年

即便与克利奥帕特拉处于热恋中，恺撒对军务依然很关注

庞培逃离法萨卢斯战场后来到了埃及，恺撒带领第六军团紧追不舍。不幸的是庞培卷入了克利奥帕特拉七世和她弟弟托勒密十三世之间的另一场内战。托勒密为了不让罗马心生不悦，庞培一到埃及就将他处决。

恺撒到达后对这个消息感到震惊，但很快就被克利奥帕特拉传奇般的美貌所吸引。恺撒支持克利奥帕特拉夺取王位，但他只带有一个军团而无法发挥积极作用。恺撒手下的士兵与埃及军队之间发生了小冲突，恺撒为了防止自己的舰队落入托勒密之手，大胆地决定将舰队烧掉。然而，大火蔓延到了亚历山大图书馆，摧毁了这个世界上规模最大的图书馆的大部分馆藏。

援军的到来扭转了局面。由庞培从前的士兵组成的恺撒第十七军团与其他部队协助恺撒展开攻势。恺撒占领了亚历山大，横扫阿喀琉斯领导的埃及军队。阿喀琉斯被处决，托勒密逃跑时被淹死，克利奥帕特拉稳稳地坐上了王位。

△ 恺撒看到昔日同盟伙伴庞培的首级时感到惊骇

恺撒本是为了追杀庞培来到埃及，后来为了克利奥帕特拉而留下，二人很快有了一个儿子，他就是后来统治埃及的托勒密十五世·恺撒。

▽ 恺撒最常被引用的话出自他早年在黑海沿岸战役获得胜利时

6. 本都，公元前 47 年

恺撒最常被引用的话出自他早年在黑海沿岸战役获得胜利时

恺撒军团逐渐扩大后 他专注于与本都的米特达拉梯六世的战争。公元前 88 年，成千上万的罗马公民丧生，罗马英雄苏拉最终赢得了这场战争，同时也成了恺撒的死敌。公元前 47 年，恺撒踏上征程，前往现为土耳其的地方。在那里他将阻击实力渐强的米特达拉梯之子——法纳西斯二世。

由于恺撒要分神于埃及的内战，法纳西斯借机扩大自己的影响力收服了一些罗马的附庸国。然后，他发起挑战击败了格涅乌斯 · 多米蒂乌斯 · 卡尔维努斯领导的罗马军团，还虐待罗马囚犯。这对于恺撒而言是绝对不能容忍的。

虽然恺撒只指挥 3 个军团，但他毫不犹豫地直奔泽拉城。恺撒与法纳西斯各踞山头对峙，双方都在为下一步行动深思熟虑。

然后，法纳西斯做了一件极少人能做成的事，他发动了突袭，这使恺撒大吃一惊。待他回过神来，情况就变成了法纳西斯的士兵列成一队向一处高地进攻，那个位置防御极佳。罗马军团毫不费力地摧毁了法纳西斯军队。恺撒用 3 个短语结束了这场战争：“我来，我见，我征服。”

7. 塔普苏斯，公元前 46 年

忠于庞培的人在北非聚集，成为内战之后恺撒的下一个目标

一个世纪前布匿战争期间，迦太基城遗址就已被罗马人摧毁，它现已成为继续抵抗恺撒运动的焦点。贵族派（由第二次布匿战争中传奇的罗马英雄大西庇阿的后裔梅特卢斯·西庇阿领导）等待恺撒带着 6 个军团来到北非。

恺撒大军在最初的几次小规模战斗屡屡失败，要求其他军团前来支援。公元前 46 年 4 月，两军在塔普索斯城（现称突尼斯）开始了全面对抗。

恺撒首先包围了战略要塞，使西庇阿陷入战斗，迫使贵族派在不利条件下作战。贵族派军队实力强大，规模优势明显，还拥有大约 60 头战象。

恺撒认为，强势进攻是通往胜利的最好选择。他在西庇阿部队处于防御状态时发动了进攻。历史学家普鲁塔克写道："恺撒以不可思议的速度进攻。"这让贵族派手忙脚乱。至关重要的是，战象在弓箭手和投石兵的牵引下变得狂躁，贵族派陷入一片混乱。

恺撒在战场上的选择是正确的，他封锁住了西庇阿的军队。西庇阿无法发挥自己人数上的优势，也无法命令士兵集中到一起。

战争的号角已经吹响，但恺撒的癫痫又发作了（用普鲁塔克的话来说，这是他的"常病"）。恺撒胜利后展现出异常的愤怒，处决了许多贵族派军团的士兵（贵族派伤亡人数约为 1 万，而恺撒仅损失了 1000 名士兵）。西庇阿逃脱失败，最后自杀。这位罗马名人以不光彩的结局告终。

"历史学家普鲁塔克写道：
'恺撒以不可思议的速度进攻。'
这让贵族派手忙脚乱。"

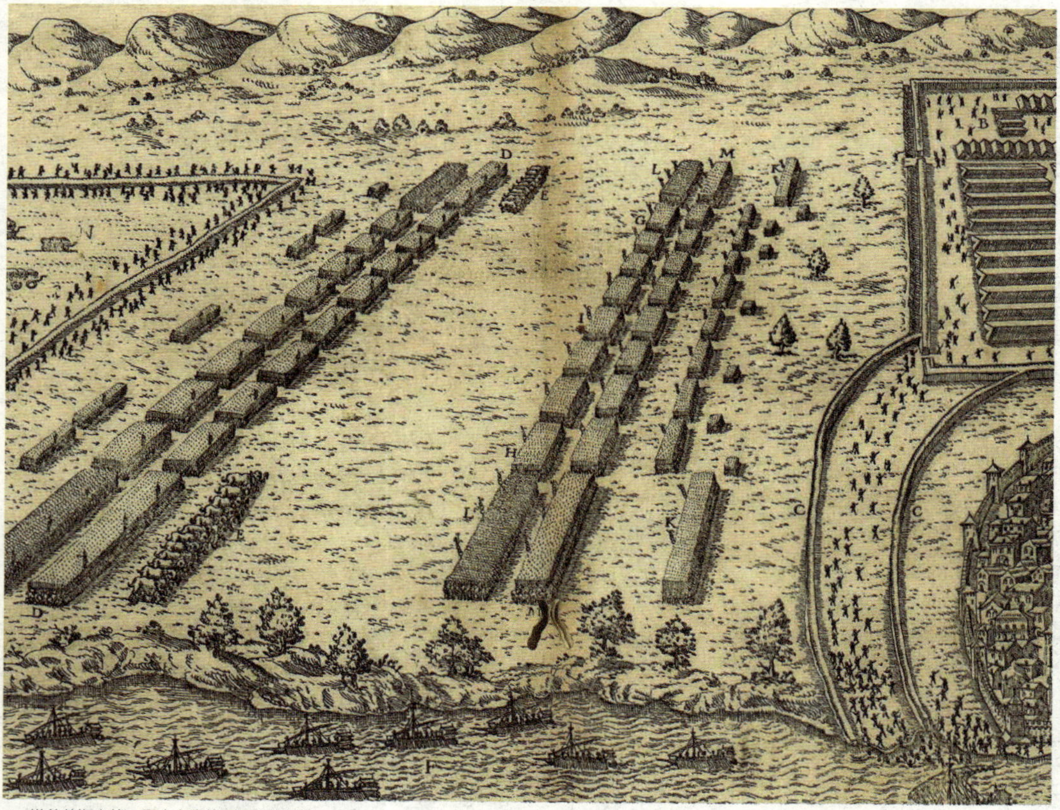

△ 塔普苏斯之战，图中有贵族派军队的战象

8. 伊斯帕尼亚行省，公元前 45 年

恺撒的军事生涯始于伊斯帕尼亚行省，在这里清除贵族派系的最后残余时结束

恺撒连续 4 次在高卢、埃及、本都和北非战斗中取胜，这样的军事成就让他成了一个传奇（维钦托利在庆祝高卢战争获胜时再次被游行示众，然后被处决）。

内战始终未停歇，一个由 13 个军团和其他人员组成的庞大军队在伊斯帕尼亚行省汇集。庞培的儿子格涅乌斯·庞培向恺撒政权发出了最后的挑战。恺撒被选为罗马的独裁官，任期史无前例地长达 10 年。恺撒决意消灭最后的这股抵抗力量。他带领 8 个军团西进，回到了他军事生涯开始的地方。

小庞培做了精心部署，他不发动大型战斗，而是使用一些小伎俩削弱恺撒的实力。小庞培的计划奏效了，但贵族派军团对这种战争风格感到失望，迫使小庞培出手。公元前 45 年 3 月 17 日，小庞培在蒙达发起了战争。

这是恺撒职业生涯中规模最大的战役之一，有消息称总共有超过 12 万名士兵参战。小庞培告诫士兵不要心存怜悯，双方艰苦奋战，两位指挥官也亲身上场投入战斗。

恺撒亲自带领最信赖的第十军团在右翼取得了突破，整个战势便产生了连锁反应。保守派被迫退回到蒙达城内。毫无疑问，恺撒在这次围剿中取得了最后的胜利，以 7000 人的代价换来了对方约 3 万人的伤亡。

△ 恺撒在蒙达之战亲身上阵，这是他参加的最后一次战斗的高潮

恺撒入侵不列颠

Caesar's invasion of Britain

**恺撒是罗马有史以来最伟大的军事指挥官，
但他从未征服过那个偏僻的欧洲角落**

公元前1世纪的不列颠只是一个位于所谓文明世界边缘的岛屿，那是一个黑暗、未知的地方。据说那里的居民是半人半兽，是身涂蓝色颜料的野人，他们会举行人祭，把被屠杀的敌人的头挂在腰带上。对大多数罗马人来说，不列颠岛是一个噩梦般的阴暗之地。

但恺撒却不像大多数罗马人那样畏惧。公元前55年8月，这位罗马崛起的超级巨星在征服了高卢的大部分地区后，站在布伦的海岸边，凝视着英吉利海峡。天气晴朗时，人们可以从那里看到肯特的海岸。对这位出众的赌徒来说，地平线上那片未知的土地拥有诱人的财富。在那里登陆十分危险，他的情报人员努力地寻找可以提供情报的人，否则恺撒会无从下手。但他是尤利乌斯·恺撒，他生来不凡，神灵也在他身旁为他赐福。

> 考古学家在佩格维尔湾和肯特郡发现的遗址可能是恺撒军队登陆不列颠之后的驻扎地。

恺撒为他的军团定下方针：切断他在高卢的手下败将从不列颠岛上获得一切援助的可能。但本质上，此举真正的原因十分简单，那就是他的贪婪。恺撒不仅渴望掠夺，更渴望冒险、知识、名声和权力。

8月23日上午，共1.2万名士兵乘坐98艘军舰，驶向海平面上的那个小点。当恺撒军队离得越来越近时，这个小点变得越来越亮，从海上升起，直到这群来自地中海的人发现了一道无法逾越的屏障——100米高的巨大白色悬崖。

恺撒命令舰队在多佛海峡抛锚，等待与他战无不胜的骑兵会合。他的部队在甲板上懒洋洋地漫步了数个小时，直到有人喊道——陆上有动静！士兵们站在那里，目瞪口呆地看着数千名涂着蓝色颜料的战士盘旋在他们头顶的峭壁上，锋利的矛尖在刺眼的阳光下闪闪发亮。

第一次入侵

恺撒发现，侵袭不列颠不仅意味着与岛上居民的对抗，还意味着要与岛上的天气做斗争

公元前55年8月26日，恺撒下令罗马军队登陆不列颠领土。在多佛附近等了几个小时骑兵部队后，他决定独自上岸。恺撒命令舰队向东北方向前进，在6英里外找到一个合适的海滩停靠并把船抛锚。然而他不知道的是，不列颠人从罗马军队登陆的那一刻起就一直监视着恺撒，跟着他来到了海岸线。

恺撒现在可以近距离地观察他的新敌人了。尽管这些古不列颠人经常被错误地描述

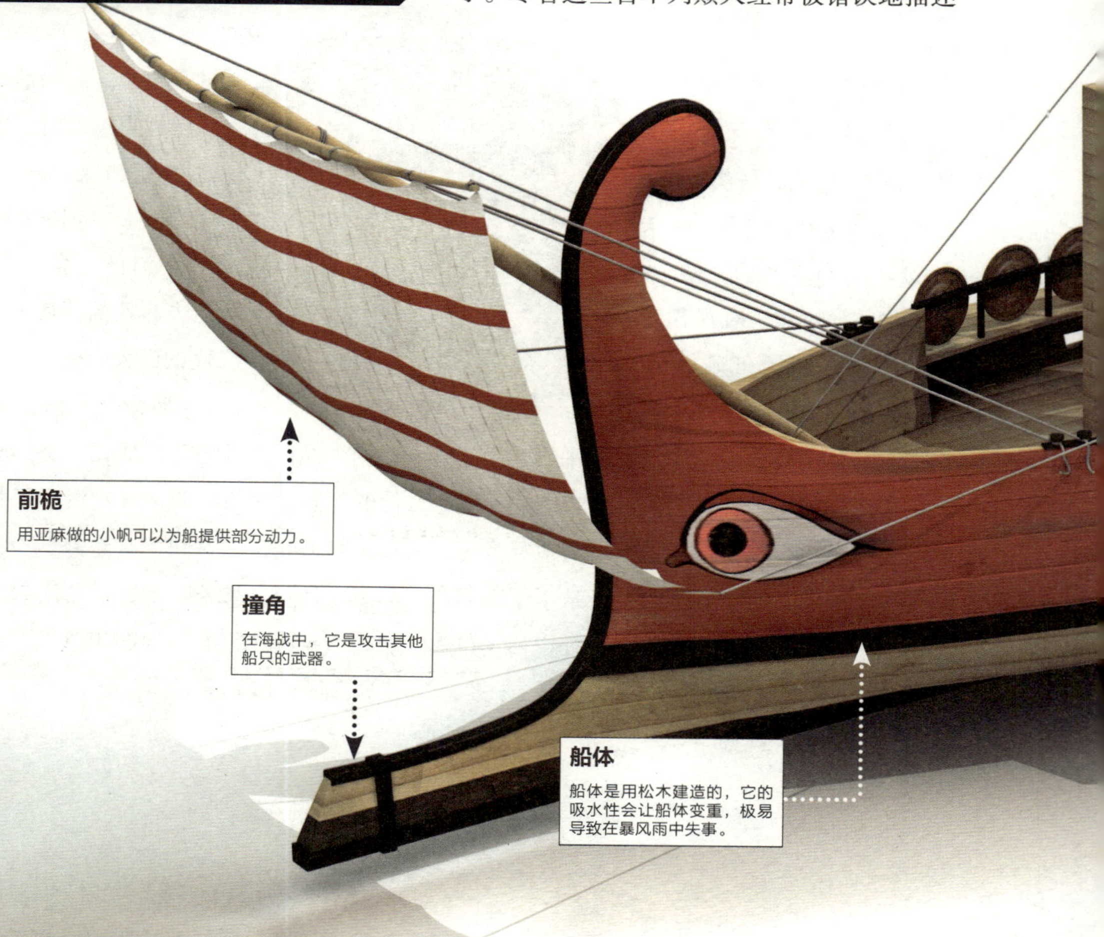

罗马军舰

恺撒远征英国的船只只能适应平静的地中海，并不能征服汹涌的海峡。

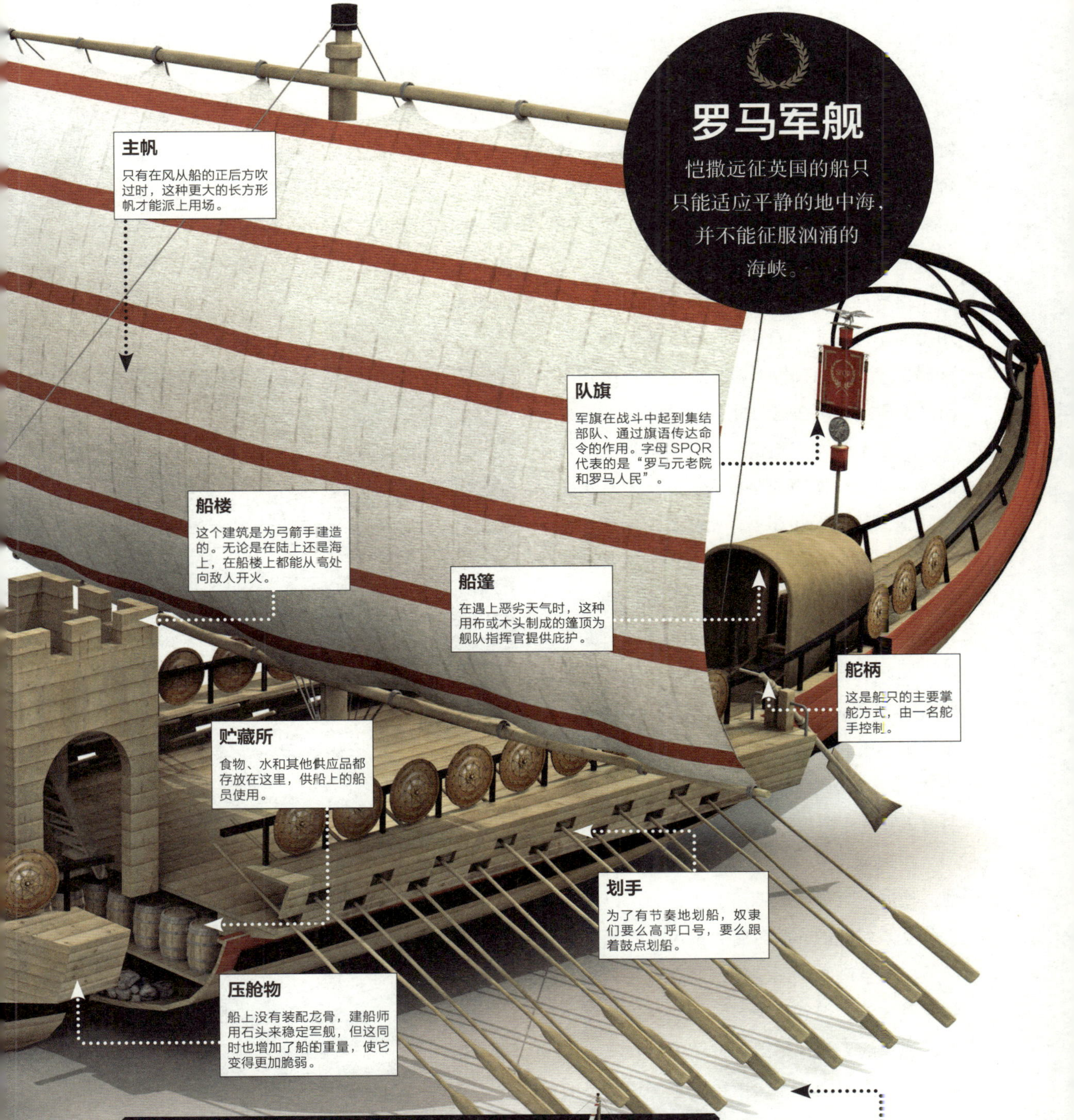

主帆

只有在风从船的正后方吹过时，这种更大的长方形帆才能派上用场。

队旗

军旗在战斗中起到集结部队、通过旗语传达命令的作用。字母 SPQR 代表的是“罗马元老院和罗马人民”。

船楼

这个建筑是为弓箭手建造的。无论是在陆上还是海上，在船楼上都能从高处向敌人开火。

船篷

在遇上恶劣天气时，这种用布或木头制成的篷顶为舰队指挥官提供庇护。

舵柄

这是船只的主要掌舵方式，由一名舵手控制。

贮藏所

食物、水和其他供应品都存放在这里，供船上的船员使用。

划手

为了有节奏地划船，奴隶们要么高呼口号，要么跟着鼓点划船。

压舱物

船上没有装配龙骨，建船师用石头来稳定军舰，但这同时也增加了船的重量，使它变得更加脆弱。

资料图：双层桨座战船

这类船之所以如此命名，是因为它们的两侧各有两层船桨。船员多达 130 人，包括桨手、水手和海军陆战队员。

桨

每支桨长约 4 米，通过皮环固定在一个垂直的销钉上。

为凯尔特人，但他们与高卢人这样的印欧部落并没有血缘关系。他们是一个土著民族，从生物遗传学的角度来说与西班牙北部的巴斯克人有所传承。战士们比罗马人高出一个头，穿得很少，用蓝色颜料涂抹自己的身体。这种颜料可能是用植物菘蓝制成的，但更可能是氧化铜。他们有的骑马，有的乘灵巧的战车，其余的步行。这些人都是来打仗的。

当罗马人试图下船时，部落居民充分利用了迪尔海滩上的石头。弹弓是他们的主要狩猎武器，当恺撒的军团在战壕边挣扎时，石弹如雨点般落在他们身上。

恺撒下令发起炮击。弓箭手逼退了守城的投手，通往岸边的路畅通了，但罗马军队被陆地上的敌人吓坏了，始终畏惧不前。在这紧要关头，一名旗手跳入水中大喊："冲啊，不要让敌人从我们的手中夺走鹰旗。"对一名罗马士兵来说，团旗代表着军人的骄傲，损失团旗则是一种极大的耻辱。所以，军团跟着他冲锋前进。他们一上岸就用棍棒、长矛和刀剑进行战斗。很快罗马人就控制了滩头，但依然无法组成编队击退敌人疯狂的进攻，所有人都处于混战状态。

在建立滩头阵地后，恺撒开始建造营地。他的骑兵部队依旧没有抵达，所以行动十分受限。他的500名骑兵本应在当天早晨起航，却被潮水围困。他们要花费4天的时间穿过大洋，但狂风突至，他们被迫返回高卢，恶劣的天气还摧毁了许多停靠在岸边的船只。恺撒被困住了。由于缺乏修理船只的补给，罗马人冒险到内陆去寻找粮草。这是一项十分致命的行动，前去者不断遭到敌人的伏击，全军覆灭。

接下来的3周一直下着大雨，在这些来自地中海的入侵者拼命修补船只时，他们的意志也被逐渐摧毁。天气转晴时，他们的援军到了。恺撒写道："一场战斗接踵而至，敌人无法长期抵抗我们的进攻，转身逃走了。"不列颠人当时还没有自己的文字，我们无法考证他们对事件的看法。我们无法断定恺撒的叙述是否真实。我们只知道，第二天早上，他率领军队回到了高卢。

古不列颠人

恺撒遇到的粗野、半裸的似乎是野人，但他们的社会体系却异常复杂

"凯尔特人"一词最早用于描述18世纪前罗马时代的不列颠人，此后在流行文化中一直被错用。铁器时代的不列颠群岛居民根本不是凯尔特人，而是土著人——凯尔特人是所谓的野蛮部落，统治着欧洲大陆的大部分地区。尽管罗马大陆上流传着关于不列颠人的恐怖故事，但他们并不是未开化的野蛮人。

古不列颠拥有一片富饶的土地，那里矿产资源丰富，采矿业和农业遍布乡村。巨大的高地堡垒矗立在这片土地上，俯瞰着犁得整整齐齐的田地。在梯田栅栏后面，一座座由街道、礼拜场所、锻造厂和作坊组成的完备的城镇雏形如雨后春笋般涌现。在作坊中可以制作精妙的金属制品，它们不仅包括剑和矛，还包括复杂的装饰珠宝、狩猎号角和镜子。

从现代意义上讲，古不列颠并不算是一个国家。岛上居住着大约27个种族不同且经常交战的部落群体，从苏格兰高地的迦勒底人（Caledones）到恺撒遇到的肯特的坎蒂亚奇人（Cantiaci），每个部落都由一位英勇的国王或女王领导。

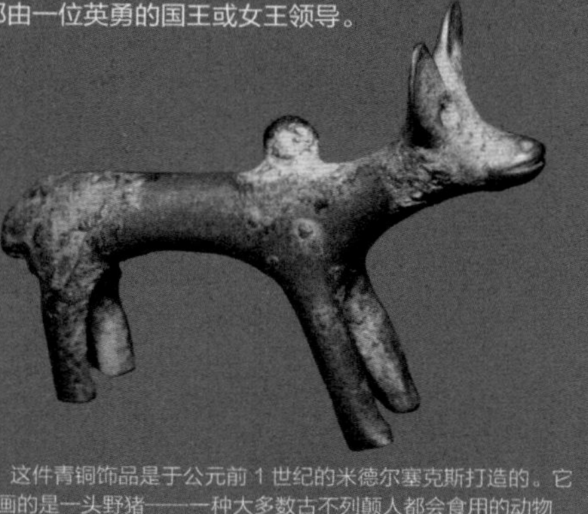

△ 这件青铜饰品是于公元前1世纪的米德尔塞克斯打造的。它刻画的是一头野猪——一种大多数古不列颠人都会食用的动物

第二次入侵

恺撒为第一次不列颠之行付出了高昂的代价，但他明白，无论是为了罗马还是为了他自己，他都需要征服这片土地

在前55年—前54年的冬天，恺撒反思了他的不列颠之旅。当然，这次远征并没有损害他的名誉地位。事实上，罗马元老院破天荒地举行了长达20天的谢神祭来表彰他的功绩。但他不是一个愿意接受失败的人。他决心卷土重来，拿下不列颠。

恺撒下令建立一支新的入侵部队，建造与以往战舰规格不同的新战舰。“新的战舰比地中海地区惯常使用的战舰要浅一些，”他在军事日记中解释道，“这样战舰才能顺利地停靠。”他还组建了一支规模更大的军队。公元前54年7月7日，他在迪尔附近登陆，他的800艘舰队共出动了2.5万多名军团士兵、2000名骑兵和1列庞大的辎重补给队。在看到如此雄厚的兵力后，岸上的不列颠人没有与他们对抗，而是撤退到了更高的地方。

恺撒一路追赶他们至距海岸12英里的斯陶尔河（Stour River）。第二天黎明，他的军队第一次与敌人展开接触。在今天的坎特伯雷附近发生了短暂的小规模冲突后，不列颠人逃到附近的一座山堡中，随后罗马人向其发动进攻。

堡垒周围有一条防御沟，通过建造一道相互挤压的防护墙，军团用“龟甲”队形攻克了这条沟。他们可以在相对安全的情况下工作，在沟渠上建造一个斜坡。最后罗马人攻破了堡垒的城墙，成功攻占据点。

然而，恺撒还没来得及利用这一进展乘胜追击，就又一次受到了不列颠天气的诅咒。一场反常的夏季风暴在海峡中轰隆作响，当他的主力部队返回时，大部分船只受损，有40艘彻底损坏。

恺撒命令把剩下的船靠岸，然后在他们周围建造一座巨大的堡垒，以便他们能在安全的情况下休养生息。这是一项艰巨的任务，但恺撒的士兵只用了10天就完成了。在那个时候，不列颠部落做了一件他们从未做过的事情——联合起来对付一个共同的敌人。他们选择了统治泰晤士河以北卡图维勒尼部落的领袖卡西夫拉努斯。卡西夫拉努斯曾击败了特里诺万特部落，是不列颠人中最骁勇善战的统帅。他的军队在斯陶尔河迎战恺撒。

在这里，罗马人目睹了不列颠战士独特的战术之一。车夫用两匹快马拉着轻型战车，快速将一名士兵送上战场。他从战车后面向罗马军队投掷标枪，然后下马用剑或矛近距离作战。如果他累了，或者不知下一步的指令，他可以回到战车上，然后被加速带到安全的地方。这与现代军队使用装甲运兵车的方式大同小异，进一步向罗马人证明了这些不列颠人不仅仅是“野人”。

这场战斗是艰苦的，但卡西夫拉努斯并不是罗马最伟大的战术家或世界上最好的战争机器的对手。他的部队最终不堪重负，被迫撤退。当他被追击时，他转而采取游击战术，摧毁罗马军队的食物来源，设置陷阱。然而他的军队发生了内讧。随着死亡人数的增多，一个又一个部落投靠罗马，当恺撒渡过泰晤士河后，他知道了卡西夫拉努斯秘密据点的位置。

当恺撒准备围攻卡西夫拉努斯在维鲁拉米恩（Verulamium）的要塞时，这位不列颠军阀赌了最后一次。他下令袭击迪尔附近海滩上的罗马人营地。这是一个灵光一现但注定失败的决策。当卡西夫拉努斯接到失败的讯息后，这个精明的战士别无选择，只能投降。看来，不列颠帝国已是恺撒的囊中之物了，然而，众神却和他开了个玩笑。

△ 人们普遍认为维京人戴着角盔，但这只是一个传说。事实上，一些公元前 1 世纪的古不列颠人才是这个形象

▽ 罗马人在战场上采用了“龟甲”阵形，显示了他们作战战术的独创性和巧妙性

罗马人对阵古不列颠人

领导者
恺撒

兵力
2.7 万多人

关键部队
古罗马军团

训练有素、装备精良的军团必须具备足够的体能，他们需要每天行进 20 英里，并且需要游泳技能。他们也是非常熟练的战争工程师和船员。

关键武器
格拉迪斯短剑

一种理想的武器，用于近距离砍刺，在各司其职的队伍中于盾牌之后战斗。它长 85cm，由钢锻造而成。

领导者
卡西夫拉努斯

兵力
未知，但可能有上万人

关键部队
战士

有关这些战士的唯一描述来自罗马人。罗马人把他们描述为鲁莽的野人。而他们的战术和技术一例如，他们的硫酸铜战斗彩绘具有防腐的特性一则表明事实并非如此。

关键武器
标枪

这些标枪长 2.5 米，制造者将其设计成单手使用，使战士能从盾牌后面战斗。他们通常用标枪从上至下劈向敌人。

恺撒的笔记本

《高卢战记》是恺撒在创造历史的时候写的。在书中，他记录了自己对不列颠的印象。

地理

这个岛是三角形的，其中有一边与高卢相对，有500英里长。另一边朝向西班牙和西方，有700英里长。第三面朝北，有800英里长。这个岛的周长约为2000英里。

人

所有的不列颠人都把自己染成蓝色，在战斗中显得十分可怕。他们留着长长的头发，除了头和上唇，他们将身体每个部位的毛发都剃光了。

战士

他们与战车相配合的作战方式是这样的：他们从四面八方驶来，挥舞武器击溃敌人的队伍，然后从战车上跳下来步行作战。与此同时，驾驶者们退出战斗，这样如果车上的士兵被制服，他们就可以随时撤退。

技术

他们有船，船的龙骨是用轻木做的，其余的船体是用柳条做的，上面覆盖着遮蔽物。

资源

这里有很多牛。他们用一定重量的铜环或铁环作为钱财。内陆地区生产锡，地中海产铁，但锡的数量很少，他们使用进口黄铜。

宗教

人们认为德鲁伊教起源于不列颠，并在那里被引入高卢。现在人们通常会前往不列颠去了解该教。

余波

恺撒的两次侵略几乎一无所获，
但他留下的制度为罗马的振兴铺平了道路

当恺撒还在和不列颠的敌军领袖卡西夫拉努斯纠缠的时候，亲信传来了消息，称高卢有麻烦了。这位伟大的征服者为了征服不列颠而离开高卢，现在高卢人抓住机会来反抗他们的罗马霸主。

恺撒不能再耗在这里了。他或许可以击败不列颠的南方部落，但这并不能保证更远的西部或北部地区会接受罗马人为他们的新统治者。他并不想陷入代价高昂的游击战中。现在已经是9月初了，嗅着富有秋天气息的空气，恺撒开始计划趁天气良好时返回欧洲大陆。

他与卡西夫拉努斯达成的和平协议是仓促间起草的，条例十分慷慨。曼杜布拉库斯（Mandubracius）是最早投靠恺撒的不列颠部落领袖之一。他的父亲曾是卡西夫拉努斯击败的特里诺万特部落的国王，卡西夫拉努斯在此过程中夺取了特里诺万特人的土地。现在，曼杜布拉库斯被任命为特里诺万特人的首领，拿回了自己的土地。恺撒还要求战败的不列颠人交出人质作为奴隶，并要求南部部落每年向罗马缴纳固定的贡金。最后，恺撒回到船上，从此便再也没有踏足过不列颠。

△ 尤利乌斯·恺撒率军入侵不列颠时的战斗情景

◁ 万神殿建于2000多年前，现在仍然矗立在罗马市中心。那里曾经有一座恺撒的雕像，他被奉若神明

不过，他留下的遗产将永垂不朽。他在英格兰南部和东部留下了一系列的国王盟友。这些国王，包括卡西夫拉努斯和曼杜布拉库斯，以及他们统治的地盘，从诺福克、埃塞克斯和肯特到苏塞克斯、汉普郡和伯克希尔，都被认为与罗马“结盟”。

然而事实上，这些不列颠部落承诺的贡金可能从来都没有兑现过，尽管罗马宣传家声称它们是罗马帝国的一部分，但事实也并非如此。恺撒回到罗马之后，人们很快意识到不列颠人不会上缴他们梦寐以求的利润。罗马除了奴隶之外并没有得到白银，也没有得到任何战利品。然而，这些探险活动让恺撒变成公众的焦点，颇受爱戴和欢迎，全国各地的公民都在讲述战车和野蛮人用菘蓝染料把自己身体涂蓝的故事。对他们而言，尽管实际成果几乎并不明显，但这场战争是一次胜利。

△ 恺撒的半身像是他有生之年唯一保存下来的肖像。这是我们最直接观察他样貌的方式

恺撒的遗产

尽管距离恺撒计划提升罗马政治地位的时间已超过2000年，但尤利乌斯·恺撒这个名字从未消失于历史长河之中。

恺撒在回到高卢后，又发动了长达两年的战争，然后他回到罗马，经历了一场血腥的长达4年的内战。然而，他在加冕为帝之前就被一群元老刺杀了，元老们渴望把罗马从他暴虐的统治中解放出来。

但对罗马人民来说，恺撒不是暴君。这场刺杀引发了进一步的内战。最后，恺撒的养子屋大维加冕为帝，结束了罗马的共和国之旅，迎来了长达400年的帝国王朝。

在活着的时候，恺撒永远都不是罗马人的皇帝，但在他死后，人民把他当作神来纪念，并在万神殿（罗马的神殿）里为他建造了一座雕像。然而，历史却仅仅把他看作是有史以来最伟大的人之一。

△ 小加图之死：恺撒的胜利让他绝望自尽

罗马的敌人

Enemies of the State

从大西洋沿岸到中东，
罗马的敌人都很清楚尤利西斯·恺撒的“丰功伟绩”

强势而宏大的罗马文明对其敌人和对手影响巨大。几个世纪以来，罗马王国的历史留下了迦太基、马其顿、伊特鲁里亚人和塞琉古王朝的影子。公元前1世纪，罗马与小亚细亚本都王国的冲突继续升温。

在米特达拉梯六世的长期统治期间，罗马与其发生了冲突，而恺撒本人不得不与法纳西斯二世开战。恺撒在这一时期说过一句被后世所铭记的话：“我来，我见，我征服。”这场战争对于恺撒来说是赢得相当轻松。据历史学家苏埃托尼维斯（Suetonius）称，“恺撒到来的5天内，法纳西斯就在一场小型战斗中灰飞烟灭”。据说，恺撒将自己的这次好运描述为“将军战胜了羸弱的敌人，获得赫赫声名”。

在更远的东方，历史悠久的帕提亚帝国（位于当今的伊朗和伊拉克）也是罗马的眼中钉。帕提亚帝国想离间罗马及其盟国，再起战端。公元前53年，恺撒的政治盟友和财政支持者克拉苏在卡雷亚战役中与帕提亚人交战时身亡。恺撒去世时，远征帕提亚的行动正在酝酿之中。

帕提亚帝国虽然地处更遥远的东方，但在罗马人眼中仍然是眼中钉、肉中刺。

大规模地缘政治斗争仍然是恺撒政治世界观的重要组成部分，但是其他相对不那么炫目却极其重要，而且造成不少麻烦的战斗决定了他军事生涯的走向。恺撒早期在担任远西班牙（Further Spain）总督期间就认识到了心怀不满的地方部落（卢西塔尼人和加利西亚人）会挑起破坏性的叛乱。恺撒曾在公元前58—前50年在阿尔卑斯山南高卢、伊利里库姆和阿尔卑斯山北高卢任行省总督。他感受到了这些地方部落的敌意。

高卢地区混居着多个当地部落。这些部落时而与罗马结盟，时而对罗马的入侵感到愤怒。在这场博弈中，邻近的日耳曼部落近几个世纪几度破坏罗马的部署，现在又给局势增加了一丝威胁。恺撒在其任职高卢期间的几次著名年度总结中提到，他为了消除威胁罗马的因素而做了大量的工作。他试图用这些实绩来增加自己延长任期的筹码。

△ 本都国王米特达拉梯六世。他是在近东地区向罗马政权发起挑战最多的一位国王

当时和后代的罗马人都狂热地赞美恺撒的成就。作家普鲁塔克更是夸大其词，细数了恺撒如何“席卷 800 多个城市，征服 300 个国家，并在不同时期与 300 万人激战”。苏埃托尼乌斯的分析比较谨慎。他说：“不放过任何借口挑起战争，无论多么失于公正，无论面临多大危险。恺撒既与盟友有过摩擦，也与敌对的野蛮国家发生争端。”

平心而论，恺撒的许多军事行动都是因叛乱威胁而起，或是为了响应高卢盟友的求助。恺撒执政初期的许多战役确是如此。居于现代瑞士的东高卢部落——赫尔维蒂人便是一个典型。恺撒赞扬赫尔维蒂人是高卢部落中最为勇猛的。他还发现赫尔维蒂人为了表达必胜的决心并增加撤退的

埃杜维

在与罗马结盟的众多高卢部落中，位于中部的埃杜维人与罗马尤为亲密。罗马这些兄弟般的部落为罗马带来了巨大的政治和经济利益。罗马在打击敌对部落如阿维尔尼人和赫尔维蒂人时，埃杜维人提供了很多帮助。自恺撒到达高卢的 60 年前直到恺撒任高卢总督的前几年，罗马与埃杜人维始终互惠互利。

埃杜维部落粮食产量丰富，一直尽心尽力为罗马提供后勤支持。公元前 52 年维钦托利叛乱时，埃杜维人首先向罗马效忠，但部落内部关系开始紧张起来。埃杜维部落内部偶有分歧，部落首领之一迪维西亚库斯（Diviciacus）和他的兄弟杜姆诺里克斯（Dumnorix）之间的争斗最为典型。迪维西亚库斯十分敬重恺撒，而他的兄弟杜姆诺里克斯对恺撒和罗马人充满仇恨。杜姆诺里克斯的行为削弱了恺撒的势力，也降低了其兄弟迪维西亚库斯的影响力和威望。

最终，埃杜维部落加入了泛高卢起义。恺撒虽有些犹豫，但还是仁慈地没严厉处罚该部落，没有把人质贬为奴隶。罗马与埃杜维部落的亲密关系画上了句号。

◁ 埃杜维银币。埃杜维是最有影响力的高卢部落之一，也是恺撒的重要盟友，尽管有时并不可靠

△ 日耳曼领袖阿利奥维塔斯的部队在与罗马军队战斗

难度，会将身后的储备仓库烧掉。

然而，赫尔维蒂的行动对罗马在高卢地区的盟友（主要是埃杜维人）构成了挑战。一个对罗马人民不友好的好战部落，一个粮食充足的地区，成了赫尔维蒂的标签。恺撒还强调，是埃杜维部落要求罗马军队介入。而埃杜维使者们辩称，他们过去对罗马人太过友善，以至于自己的领土遭到了破坏。恺撒在击败赫尔维蒂人之后回忆说，埃杜维部落首领们跪在他脚下流下了激动的眼泪。

相似的规则也充分体现在罗马人与苏维汇人的战斗中。苏维汇人是一个日耳曼部落，部落首领是阿利奥维塔斯。苏维汇人渡过莱茵河，导致高卢当地部落的领土特权受到巨大威胁。恺撒认为必须要严厉处置“这些肆无忌惮的野蛮人……对他们施以酷刑”。再往北，在罗马高卢的主要领土之外，贝尔盖部落的叛乱不容忽视。恺撒战胜了内尔维等部落，在接下来的几年里，与布列塔尼和西北高卢的冲突仍在继续。

罗马在公元前 57 年击败内尔维人之后，元老院宣布放一个 15 天的长假来庆祝。

恺撒断然拒绝了海上部落维涅季人（Veneti）的要求。这些部落公然宣称“宁可守住祖先给他们的自由，也不愿沦为罗马的奴隶”。不列颠的角色在这些北方部落中有些复杂，恺撒认为不列颠是北方叛匪的支持者。这也是恺撒决定远征不列颠并发动侵略的原因。这场战争开辟了新战线，也给罗马的敌人提供了机会。

罗马与内尔维人的战争赢得轻而易举。公元前 57 年罗马击败内尔维人之后，元老院宣布放一个 15 天的长假来庆祝。恺撒高兴地记录道：“这是一种前所未有的荣耀。”然而，面前还有更大的挑战。罗马通常会利用加利西亚部落之间的矛盾冲突，其中一些重要部落会选择与罗马保持亲密友好关系，这为罗马带来了巨大的政治和经济优势。但是，恺撒统治的方式确实引起了极大的震惊和恐慌。人们指控恺撒对待异己武断专横，并且破坏部落间关系。

公元前54年冬天的安比奥里克斯（Ambiorix）起义成了罗马军队远征的转折点，这给罗马军队造成了重大人员伤亡。更糟糕的是，维钦托利点燃了整个高卢地区大范围的起义，他也被称为“百战胜利者”。正如普鲁塔克所说，“当许多国家爆发叛乱时，危险就悄然而至”。维钦托利和他的盟友在与罗马的激烈战斗中采取焦土政策和游击战术。公元前52年的战斗中，罗马最终通过包围阿瓦利库姆和阿莱西亚等地方战胜了维钦托利。

恺撒获得对维钦托利的重大胜利后，维钦托利被囚禁了5年,并于公元前46年被处决。维钦托利赢得了令人艳羡的身后之名，他是高卢自由的捍卫者,他的事迹仍回荡在法兰西。他确实称得上是恺撒最危险的敌人之一。

恺撒在其漫长的统治生涯中不乏敌手。恺撒由于迅速崛起，在罗马树敌无数。事实证明，庞培是恺撒最坚定的支持者。最初他们是盟友，而随着他们为了罗马共和国的未来而展开争斗，这种联盟关系也瓦解了。

恺撒、庞培和克拉苏组成了前三头同盟。庞培与恺撒的女儿茱利亚结婚后，二人的联系更加密切。然而，这种忠诚始终是出于权宜之计,随着恺撒在高卢战争中声名鹊起，他们的关系开始恶化。茱利亚和克拉苏两位居中斡旋者的死对缓和二人之间的紧张关系没有多大作用。党派之争演变成了公开敌对。公元前51年，庞培明显表露出对恺撒崛起的恐惧。公元前49年，恺撒渡过卢比孔河从高卢归来，开始了长达5年的内战，这个故事已经广为人知。罗马内部合纵连横的复杂形势也起到了至关重要的作用。正如普鲁塔奇所说，战争“打开了通往整个世界的大门”。

庞培故意弃罗马而去，途经西班牙前往希腊；公元前48年8月，就在希腊，他在法萨卢斯战役中被恺撒击败。庞培逃往埃及，事后证明这是错误的一步：托勒密被处决；恺撒到埃及东部并且介入另外一场权力之争——克利奥帕特拉与她的共同摄政者托勒密十三世之间的斗争。恺撒对克利奥帕特拉的拥护让事态变得清晰。庞培的盟友也没有放弃斗争，他们在北非联系了更多的盟友。

恺撒的敌人，包括梅特乌斯·西庇阿和小加图在内，与努米底亚统治者朱巴（Juba）同仇敌忾，一起对抗罗马。努米底亚位于现今阿尔及利亚东北部和利比亚北部。据说朱巴对恺撒的反感有一部分源于几年前在罗马遭受的侮辱。恺撒曾公开拉扯了朱巴的胡须，这是一种极度不敬的做法。

高卢军队和毛里塔尼亚成了恺撒的盟友。恺撒在公元前46年的塔普苏斯战役中取得了胜利。在庞培儿子们的努力下，庞培政党暂时得以幸存。公元前45年，他们的失败已成定局。

恺撒在对待敌人时以残酷而著称，但他确实面临着极其复杂的情况。例如在高卢，罗马被视为不受欢迎的侵略军。恺撒的敌人当然会对他极尽讽刺之能事。在维钦托利叛

博丘斯和博古德

在恺撒登上政治舞台之前的几十年中，北非毛里塔尼亚王国与罗马关系复杂。公元前 2 世纪晚期，毛里塔尼亚王国统治者博丘斯困惑于继续忠于罗马还是支持其女婿朱古达（Jugurtha）。最终，他做了一个可能正确的决定：将朱古达引入陷阱，并把他移交给了罗马人。

博丘斯的继任者博丘斯二世和博古德共同执政。他们在恺撒与庞培支持者的内战中发挥了重要作用。北非是恺撒与庞培党的重要战场。在恺撒与努米底亚的朱巴一世的斗争中，毛里塔尼亚是恺撒的重要盟友。

公元前 46 年 4 月，这场关键性的战役在塔普苏斯打响。胜者吞并了一些努米底亚领土。博古德在接下来的动荡岁月中将继续为恺撒而战。

◁ 我们可以确定"克雷蒂安城堡"（Tombeau de la Chretienne）属于公元前 2 世纪或公元前 1 世纪的国王，最有可能是毛里塔尼亚国王博丘斯二世（Bocchus Ⅰ）

乱即将结束时，一名心怀不满的高卢领导人对罗马的政策表示了谴责："除了听凭炉火的驱使，征服叛乱的地方，除了盘踞在他们知晓其高贵名声和军事力量的人们的土地和国度中，除了让这些人永远被奴役，罗马人还在追求什么，渴望什么？"这种情绪无疑是发自内心的。高卢是一个彻头彻尾高度分裂的省份，许多部落都试图讨好罗马人，并从罗马人那里获利满满。

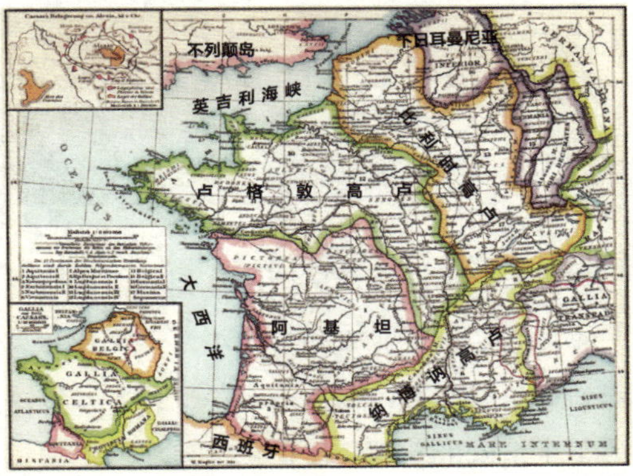

△ 罗马高卢各地区地图

此外，许多部落之间通常会划分派别，恺撒不得不做出复杂的战略决策。例如，在不列颠军队远征之前，恺撒就因特维希人（Treveri）的内部酋长之争而分心，这让他很烦恼。辛格托里克斯（Cingetorix）很快就向恺撒效忠，而他的竞争对手英度鞠马勒斯（Indutiomarus）在阿登（Ardennes）森林中悄悄地组织军队。尽管如此，英度鞠马勒斯派代表团前往罗马，虽然他内心忐忑，但恺撒似乎接受了这份诚意并同意交换人质（当时这是确保条约得到遵守的常规方式）。私下里，恺撒敦促特维希人酋长支持英度鞠马勒斯的竞争对手辛格托里克斯，这就给英度鞠马勒斯制造了一个麻烦的敌人。"从前他私下对我们怀有敌意，但现在他的愤怒更是如熊熊火焰般喷薄而出。"恺撒插手别人事务显得有些鲁莽，像是多管闲事，但是既然他计划入侵英吉利海峡，又能做些什么呢？

"高卢是一个彻头彻尾高度分裂的省份，许多部落都试图讨好罗马人，并从罗马人那里获利满满"

◁ 法国很多地方都有维钦托利雕像，他是起来反抗恺撒的高卢领袖

最后，也许是恺撒的盟友和敌人都立场坚定，这使得恺撒更容易做出选择。在与贝尔盖部落战斗时，恺撒碰到了一直十分敬重的雷米（Remi）部落。雷米部落派出了两位代表——伊西乌斯（Iccius）和安德克姆伯里乌斯（Andecumboriu）。代表表示“雷米人将他们自己和他们所有的一切都交给罗马政权，寻求罗马的庇护；他们不会与其他贝尔盖部落为伍，也不会密谋针对罗马；他们愿意交出人质，执行恺撒的命令，欢迎恺撒入城，并提供粮食和其他一切物资支持他”。他们还试图说服其他部落屈服于罗马，不幸的是无人响应，但他们可以提供有关其他贝尔盖部落军事实力的详细数字。

雷米“确认了所有细节确凿无误，各部落之间由于亲戚和通婚关系能保持密切联系，他们已经在贝尔盖部落总议会上了解到每位部落酋长能够投入多少军队参加眼前的战斗”。难怪“恺撒在向雷米人发表演说时不吝慷慨鼓励，然后，他命令他们的所有议会成员在他的指挥部集结，并把酋长的孩子们带到那里作为人质。所有这些命令都执行得及时且细致”。

内尔维人对罗马敌意颇深，对其他部落则保持忠诚。

这种忠诚对自己有利，但毫无疑问会招致对手的反感。恺撒从来没有质疑过像内尔维这种部落的目标和动机。内尔维对罗马的敌对态度始终没变，并拥有与其他北方部落结盟的超强能力（有时投入多达6万名士兵参与战争），还经常在谈判中提出荒谬的要求。恺撒尊重内尔维部落，他回忆道，在一次战争中“士兵如此英勇，他们的信念如此强大，尽管周围烈焰灼烧，巨弹穿空……不但没有人退出战斗，而且甚至几乎没有一个人表现出半点儿迟疑”。

恺撒也非常清楚内尔维人对他是什么立场，这是有好处的。罗马各省都缺乏这种确定性。此一时，高卢部落会为罗马而战去抗击日耳曼侵略者，然而几年后，罗马又会招募日耳曼雇佣兵来对抗突然叛乱的高卢人。的确，正是盟友和敌人之间的情谊和隶属关系不断变化，才造成如此大的混乱。

克里特岛

罗马拥有众多省和附庸国，最大优势就是可以吸取多国人民的专业化军事人才。骑兵就是一个尤为明显的例子，在罗马精英阶层中，骑兵这个职业已经过时了。

恺撒在各种战役中还使用了来自巴利阿里群岛（Balearic Islands）的“投石兵”和来自叙利亚和努米底亚的弓箭手。弓箭手是克里特岛所特有的。克里特与罗马保持了长期友好的关系，这对于罗马来说很不寻常。罗马与本都国的米特达拉梯六世争斗期间，罗马于公元前 68 年夺取了对克里特岛的控制权。克里特与昔兰尼加合并成一个省，位于现在的利比亚地区。罗马并没有对克里特岛强行征税，所以克里特岛能够长期维护经济和文化繁荣，保持自身风俗习惯和人口增长。

克里特岛在地中海地区具有重要的战略意义，在很大程度上避免了卷入罗马无休止的战争。然而，岛上对弓箭手的需求量依然很大。

△ 克里特岛上的戈蒂斯剧院废墟，该岛通过与罗马长期结盟而蓬勃发展

△ 比利时列日宫殿的西立面绘制了安比奥里克斯与罗马人的斗争

恺撒情史

Caesar in love

恺撒的婚姻、风流韵事和丑闻将他从一个普通贵族变为地中海地区最有权势的人

每个伟大男人的身后都站着一位伟大的女性。尤利乌斯·恺撒身后有3个妻子和3个情妇，共6名女性。

罗马婚姻与许多其他古典文明不同，是一夫一妻制。每位公民同期只能有1个配偶。贵族家庭的每次婚姻都是一个政治联盟的机会，志趣相投的人结合在一起谋取共同利益。联姻还可以让像恺撒这样雄心勃勃的年轻人登上权力的直通车。

然而罗马婚姻却只是对男人有利。妻子需要做到忠诚、沉默、谦逊，对丈夫的婚外情也要视而不见。不管是妓女还是舞女，只要是没有结婚的女孩都可以做情妇。已婚女性这样做会玷污她丈夫的名声。一些男性也经常被当作婚外情目标，那时同性恋已被社会接受。离婚和再婚的情况时有发生，不会被贴上耻辱的标签，但如果起因是有人对婚姻不忠，流言蜚语便会不胫而走。

恺撒的3次婚姻提升了他的社会地位并助他达成了重要联盟，但3次婚姻也都为丑闻所玷污并以悲剧收场。

恺撒的爱情生活与他杰出的职业生涯的多个方面，都不会循规蹈矩。恺撒的3次婚姻提升了他的社会地位并助他达成了重要联盟，但3次婚姻也都为丑闻所玷污并以悲剧收场。他与已婚女性纠缠，受到王权的诱惑，他还有可能令其他男性着迷。他甚至被自己情人的儿子杀死。欢迎来到恺撒的后宫，一个充斥着爱情、丑闻和阴谋的地方。

科涅莉亚

恺撒的第一次婚姻提升了他的阶层，但也激起了罗马独裁官的愤怒

身份：第一任妻子

婚期：约前83—约前69年

公元前83年前后恺撒和科涅莉亚结婚的时候，新娘和新郎仍在哀悼他们去世的父亲。此时的恺撒是一位17岁的雄心勃勃的一家之主。他希望有机会提升社会地位，但影响力相对较小。相比之下，科涅莉亚的家族就比较显赫，她是罗马政治领袖辛纳（Cinna）的女儿。辛纳之前连续4年担任执政官，在马略与苏拉的内战中是马略坚定的支持者，在一场士兵暴乱中被杀。

恺撒希望凭借与辛纳女儿的婚姻离权力更近一步，但最终在内战中取得胜利的苏拉视恺撒的婚姻为威胁。他命令恺撒与科涅莉亚离婚，并剥夺了他的职位、继承权和妻子的嫁妆。然而，恺撒并未向苏拉屈服。他并未放弃新婚妻子，而是通过伪装逃离了罗马。苏拉经过别人劝说态度缓和了一些，允许恺撒回家。

随即恺撒开始了他的军旅生涯，并常年远离罗马，这也许可以解释他与科涅莉亚13年的婚姻中为何子女并不多。这对夫妇只有一个独生女儿茱利亚，这也是恺撒唯一的婚内孩子。公元前69年，在恺撒再次离开罗马之前，科涅莉亚因生第二个孩子而难产去世，孩子也夭折了。茱利亚开始由恺撒母亲照顾。这位30岁的平步青云的将军就此成了鳏夫。

△ 恺撒凭借与科涅莉亚的婚姻，与最有影响力的政治家辛纳家族建立了联系

“苏拉命令恺撒与科涅莉亚离婚，并剥夺了他的职位、继承权和妻子的嫁妆”

△ 苏拉于公元前 82 年占领罗马，而后对恺撒与科涅莉亚的婚姻表示出愤怒

庞培亚

女性节日上的丑闻让恺撒的第二段婚姻早早结束

身份：第二任妻子

婚期：前 67—前 61 年

恺撒在第一任妻子去世一年后回到罗马，并且迅速找到了合适的妻子人选。庞培亚与科涅莉亚身份相似，父亲是前任执政官，在内战中被杀。她是苏拉的孙女，这表明恺撒愿意为了实现自己的目标而改变效忠对象。

婚后第四年，恺撒当选为大祭司，这是罗马的一个重要职位。也正是这个重要任命让恺撒的婚姻走到了尽头。恺撒的新工作地点位于萨克拉圣道（Via Sacra）。庞培亚需要与维斯塔贞女共同主持善德女神祭祀活动。祭祀活动仅限女性参加，但一名叫克劳狄的年轻男子乔装成女人潜入会场。他就是为引诱庞培亚而来的，后来因亵渎罪而被惩治。庞培亚是否事先知情并与克劳狄两情相悦，就不得而知了。

随后发生的丑闻就成了人们津津乐道的花边新闻。庞培亚的母亲在克劳狄的审判中斥责他的罪行，但恺撒本人却一言不发。最终克劳狄无罪释放，恺撒与庞培亚离婚。不管庞培亚是否有私情，恺撒的名望已经受到了影响。恺撒说出了著名的言论：“我的妻子甚至不应该受到怀疑。”但这件事并没有让恺撒停止自己在婚姻中拈花惹草的行为。

△ 恺撒为了不让丑闻影响自己的政治生涯而与庞培亚离婚

塞薇利娅

恺撒一生中最长的恋情因他被情人的儿子谋杀而终结

身份：德奇姆斯·尤尼乌斯·西拉努斯的妻子
婚外情时段：前 64—前 44 年

塞薇利娅的第一任丈夫死于公元前 77 年，第二任丈夫死于公元前 62 年。第二任丈夫过世后，她与仍处于第二段婚姻的恺撒开始了婚外情。尽管我们不知道这段感情开始的时间，但这是双方生命中最长的恋情，直到公元前 44 年恺撒去世才终结。

恺撒和塞薇利娅情深意浓。恺撒会送给她稀有的高卢黑珍珠，塞薇利娅也会寄来情书。恺撒在元老院秘密参政时，一封二人传情的便笺把他们的关系公开了。恺撒正在读塞薇利娅的情书时，塞薇利娅同母异父的弟弟小加图居然将情书一把夺走。小加图看了信上的内容后才发现二人秘密幽会之事。

塞薇利娅的家族给恺撒带来了更大的麻烦。在后三头同盟之后的内战期间，小加图还有塞薇利娅第一段婚姻的儿子布鲁图斯都支持庞培。庞培在法萨卢斯战役中失败后，恺撒下令如果在战场上抓获布鲁图斯，不要伤害他，此举可能是出于对塞薇利娅的尊重。但是布鲁图斯并没有以德报德，他是公元前 44 年刺死恺撒的刺客之一。布鲁图斯被马克·安东尼击败后自杀身亡，骨灰被送给了他母亲。塞薇利娅余生过着舒适的生活，寿满天年。她的情人与儿子却不愿意这样安宁地走到人生的终点。

△ 古罗马银币上的塞薇利娅

卡尔普尼亚

恺撒的第三任妻子显然预见到了丈夫将被暗杀，但却无法阻止

身份：第三任妻子

婚期：前 59—前 44 年

如果说恺撒第二任妻子的丑闻损害了他的声誉，那么他的第三任也是最后一位妻子则恰恰相反。卡尔普尼亚是另一位崛起的政治家卢修斯·卡尔普尔尼乌斯·皮索·凯索尼努斯的女儿。卡尔普尼亚嫁给 41 岁的恺撒时才 16 岁。这时的恺撒正在执政官的第一个任期，并与克拉苏和庞培建立了前三头同盟。卡尔普尼亚比恺撒的女儿茱利亚还要小几个月。当时的记载这样描述道，她谦虚而害羞，丈夫身上的光环越来越大，但她不愿意成为焦点。恺撒会在婚后的几年内征服高卢，然后渡过卢比孔河掌控罗马。

当时的记载这样描述道，她谦虚而害羞，丈夫身上的光环越来越大，但她不愿意成为焦点

虽然恺撒总是拈花惹草，但卡尔普尼亚对婚姻非常忠诚。直到恺撒去世，他们的婚姻共持续了 15 年之久，但没有子嗣。

如果恺撒在决定命运的那一天能听妻子的话，他的统治可能会更久一些。公元前 44 年 3 月 15 日，卡尔普尼亚从梦中惊醒，因为她梦见自己抱着恺撒的尸体。她恳求丈夫当天不要去元老院，并让布鲁图斯通知大家恺撒病了。恺撒无视妻子的担忧独自去了元老院，遭到包括布鲁图斯在内的一群阴谋分子的刺杀。事件发生后，卡尔普尼亚将恺撒的遗嘱和个人文件交给了执政官马库斯·安东尼亚乌斯，之后便消失在历史的迷雾中。卡尔普尼亚此后再未结婚。

△ 这张版画描绘了恺撒与庞培亚离婚后迎娶下任妻子卡尔普尼亚

尤埃诺

恺撒拒绝王冠，但是这并没有阻止他追求那些戴着王冠的人

身份：毛里塔尼亚王后
婚外情时段：公元前 46 年

克利奥帕特拉并不是唯一赢得恺撒青睐的王室成员。小恺撒出生一年后，恺撒希望北非能效忠自己。这次，他在毛里塔尼亚（现在的阿尔及利亚和摩洛哥）与庞培的残余支持者作战，并向盟友博古德国王的妻子求爱。恺撒在毛里塔尼亚的 5 个月中始终与博古德妻子保持暧昧，博古德本人似乎并没抱怨，而是把这种暧昧当成对自己和妻子的恩赐。

如果传言可信的话，恺撒并没有一直只与王室成员保持暧昧。公元前 80 年，罗马共和国为了筹建舰队，派 20 岁的恺撒前往卑斯尼亚，游说尼科梅德斯四世。据后来的传言称，这位年轻的大使引起了国王的注意，两人开始了同性恋情。有这样一句俏皮话，“恺撒征服了高卢人，但尼科梅德斯征服了恺撒”，其他人则开玩笑说恺撒是卑斯尼亚王后。

恺撒是同性恋的事情只是经常被恺撒的对手们提起，所以并不完全可信。尽管罗马对于同性恋的接受程度比较高（希腊的接受程度更高），但那些反对恺撒权势的人会通过编造恺撒过去的丑事来玷污这名独裁官的名声，并试图将他描绘成“娘娘腔”。其他流言则称，恺撒与他的工程师马穆拉，甚至与他的养子屋大维都有同性恋情。

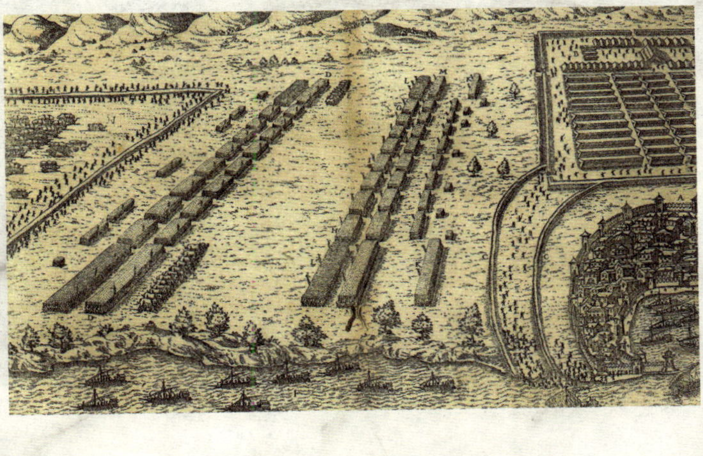

◁ 恺撒在塔普苏斯战役中开始了他的第二次北非王室恋情

克利奥帕特拉

恺撒最著名的恋情将两大古典世界的重要文明联结在一起

身份：埃及女王
婚外情时段：前48—前44年

恺撒和克利奥帕特拉的第一次相遇是在床笫之间，埃及女王出现后以她的美貌吸引了这位罗马统治者，这成了一个传奇故事。事实上可能是克利奥帕特拉并未藏于寝具中而是身处帐后。尽管年龄相差31岁，但两人在第一次见面后不久就成了恋人。

恺撒前往埃及追捕庞培，发现托勒密十三世和克利奥帕特拉这对夫妻正在内战，争夺执政权。托勒密下令暗杀庞培，这一举动终结了罗马内战。恺撒大军很快抛弃了托勒密，转而支持他的妻子也就是恺撒的新情妇。恺撒在埃及停留了一年，在来到埃及9个月后，克利奥帕特拉生下一个男孩并取名“恺撒里昂”（也叫“小恺撒”）。孩子生父是谁至今成谜。

恺撒不再想征服埃及，他让克利奥帕特拉与她的弟弟托勒密十四世结婚并共同执政。公元前46年，克利奥帕特拉、托勒密十四世和小恺撒到访罗马。元老院震惊于恺撒与克利奥帕特拉的暧昧关系。后来恺撒在维纳斯女神庙中竖立起埃及女王的金质雕像，元老院更加担忧。恺撒在公元前44年被暗杀时，他们三人仍在罗马，之后迅速撤回到埃及。

“尽管年龄相差 31 岁，
但两人在第一次见面后不久就成了恋人”

△ 《克利奥帕特拉在菲莱岛的台阶上》，弗雷德里克・亚瑟・伯里曼于 1896 年绘制

“这位年轻的公主聪明机智，充满好奇心”

克利奥帕特拉

前 69—前 30 年

简介

作为埃及托勒密家族最后一位法老，克利奥帕特拉在其统治期间必须与尤利乌斯·恺撒对抗。克利奥帕特拉自称是女神伊希斯（Isis）的转世，后来在恺撒被暗杀后遭到屋大维的挑战。她的情人马克·安东尼在亚克兴之战战败并自杀身亡，克利奥帕特拉也随之自杀。

克利奥帕特拉：埃及女王

Cleopatra: Queen of Egypt

被鄙视的法老女儿如何通过斗争、谋划和色诱，成为埃及最著名的统治者

埃及动荡不安。公元前 81 年，托勒密九世去世。他可是一位敢将亚历山大大帝的金棺融化的法老。一系列血腥暴力的家族斗争血洗了他的所有男性继承人，托勒密九世最爱的也是最受欢迎的女儿贝勒尼基三世（Berenice Ⅲ）成为女王。按照家庭传统，贝勒尼基三世与同父异母的兄弟托勒密十一世结婚。结婚仅 19 天后，新郎就杀死了新娘，篡夺了王位。亚历山大市民大怒，愤怒的暴民迅速抓获新任法老并处以私刑。这场政变致使埃及处于群龙无首的失控状态。

法老是军队的指挥官也是神灵的人类化身，这个职位对于防止埃及出现大规模动乱至关重要。现在不管是谁来做法老（绝对是任何人）总比没有法老要好。托勒密九世的私生子托勒密十二世便成了王位继承人。一个沉迷于女色又嗜酒如命的人很难起到灯塔作用，指引这个国家穿越黑暗。这个非嫡系法老的绰号诺索斯（Nothos）很快流行起来，诺索斯就是“杂种”的意思。托勒密十二世至少有 5 个合法的孩子，克利奥帕特拉七世是仅排在姐姐贝勒尼基四世之后的二女儿。

> 克利奥帕特受过良好的教育，有传言说她能说多达 12 种不同的语言

这位年轻的公主聪明机智，充满好奇心，总是如饥似渴地追求知识。她擅长学习，甚至连她最尊敬的学者都对她的语言能力感到惊讶。她可以轻松地与任何外国访客交谈，无论他们是埃塞俄比亚人、希伯来人、穴居人、阿拉伯人、叙利亚人、米底人还是帕提亚人。在极尽富贵奢华的王宫中，她徜徉在奇妙的学术世界里。但宫殿外的现实世界却被撕扯得四分五裂，处于分崩离析的危险之中。

法老托勒密十二世陷入了困境。他的父亲曾代表埃及对罗马做了一些许诺，罗马元老院只是尚未要求兑现而已。托勒密十二世聪明地意识到，只要让罗马开心就能确保埃及继续生存下去。他向恺撒（当时是罗马最

重要的人物）送去了大笔金钱和贿赂，从而得到了罗马人的支持，但却给自己的公民加重了税赋。公元前 58 年，他带着才华横溢的小女儿被迫流放。3 年后，他在政治家奥卢斯·伽比尼乌斯的军队护卫下返回埃及，却发现大女儿贝勒尼基坐在法老的王座上。托勒密十二世残暴地血洗整个家族，处决了大女儿。然后他夺回王位，一直统治到公元前 51 年去世。托勒密十二世的王位和他积累的债务成了他尚存的最年长女儿克利奥帕特拉的财产。

克利奥帕特拉需要走出书海去治理一个处于战争边缘的国家。正如某些人所料，这个 18 岁的女孩不是一个见多识广而且带有天真的少女那样简单。在父亲统治的最后几年里，她一直辅政。自出生以来，她所有的教育经历使她成为一名有能力的女王。女王，不同于男性国王或法老。与其他埃及女王一样，克利奥帕特拉需要与一名有统治地位的男性共同理政，于是便成了 10 岁的弟弟托勒密十三世的下属摄政。

她共有 4 个孩子，分别与恺撒和马克·安东尼所生。但只有克利奥帕特拉·塞勒涅活到了成年。

面对摄政委员会中一群野心勃勃的男人，克利奥帕特拉表现出残暴、急切和聪颖。克利奥帕特拉将她的弟弟兼丈夫推到幕后，并确立了自己作为国家唯一君主的地位。这其实很危险，亚历山大的朝臣们纷纷向年轻的国王进谏，告诉他姐姐独自掌权的危害。如果克利奥帕特拉更加耐心和细心，她也许能将弟弟培养成一名有能力又顺从的共同统治者。如果这样，这个统治者将会辅佐而不是摧毁她的统治。但这根本不是托勒密家族的方式，克利奥帕特拉带着深深的托勒密家族烙印——大胆、雄心勃勃，并且冷酷无情。她将弟弟的头像从钱币上移除，并从官方文件中删除了他的名字。她的技巧、干劲和狡猾非常适合统治者。在她看来，她应该独享埃及。

她的统治初期是一场考验，不仅因为整个国家仍然在父亲的债务负担下苦苦挣扎，还因为尼罗河多年洪水频发导致饥荒大范围蔓延。罗马步步逼近的威胁，加上一支疲弱的埃及军队，埃及这片沃土就如同成熟的庄稼待人收割。饥饿的农民涌入城市，克利奥帕特拉的支持度直线下降，而她的决定似乎总是以埃及为代价去取悦罗马，这提醒人们在她那可恨的父亲的统治下，人们也处于水深火热之中。

在这场政治动荡中，克利奥帕特拉发现自己面对着一个熟悉的竞争对手。她的弟弟回来了。他现在是一个满心仇恨、残酷无情的国王，有摄政王和众多护卫者鞍前马后，决意要把克利奥帕特拉驱逐、从历史中铲除。

丈夫和两个恋人

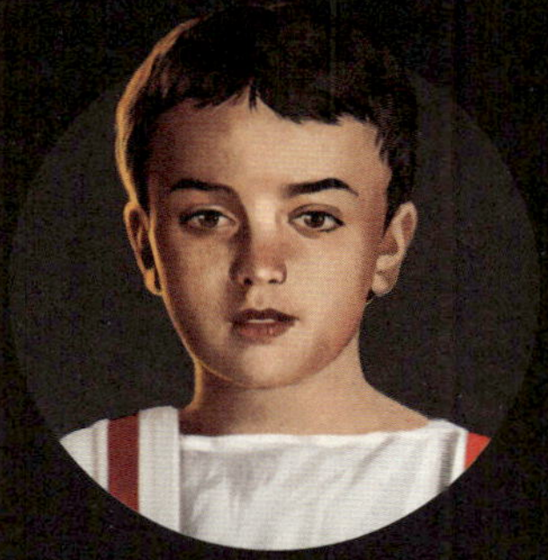

托勒密十三世

马其顿，前 62—前 47 年

他们怎么走到一起的？
托勒密和他姐姐的婚姻是遵照埃及王室传统的包办式婚姻。

这是真爱吗？
因为他们二人共同统治埃及，导致爆发了一场残酷的内战。我们可以假设他们姐弟之间没有太多爱意，甚至也没有证据证明他们之间有婚姻之实。

怎么结束的？
当恺撒和他姐姐的军队宣布胜利时，托勒密被迫逃离亚历山大。据称，他在逃离途中穿越尼罗河时溺水身亡。

尤利乌斯 · 恺撒

罗马，前 100—前 44 年

他们怎么走到一起的？
克利奥帕特拉和她的弟弟都需要恺撒的支持。克利奥帕特拉在与恺撒约定会晤前便提前见了他，并设法影响了他的选择。究竟是以何种方法影响的，就留给众人想象吧。

这是真爱吗？
尽管这二人的结合能促进共同的政治利益，但是罗马律法不允许他们结婚。但克利奥帕特拉似乎仍然忠于恺撒，并为他生了孩子。

恋情是怎么终止的？
当恺撒在 3 月 15 日被暗杀时，这段恋情戛然而止。

马克 · 安东尼

罗马，前 83—前 30 年

他们怎么走到一起的？
安东尼召见克利奥帕特拉，看她是否会在对抗帕提亚人的战争中信守诺言。据称，克利奥帕特拉在这次会面中让安东尼着迷，使用的手段也许与迷惑恺撒的类似。

这是真爱吗？
两人的感情可能已经超出了政治范畴，两人育有 3 个孩子，安东尼冒着一切风险也要与克利奥帕特拉同在。

怎么结束的？
安东尼在亚克兴之战战败后，误听传闻以为克利奥帕特拉已死，便自杀身亡。之后克利奥帕特拉也自杀身亡。

他将姐姐的名字从所有正式文件中完全抹掉，并重新回归君主制，声称自父亲去世以来他是唯一的统治者。由于克利奥帕特拉的声誉早已毁掉，这位女王逃离了她出生的地方。她不想重复那些贪婪又不幸的先人的悲惨命运，在愤怒的暴民冲进宫殿加害她之前她便逃走了。

克利奥帕特拉不仅失去了人民的支持，还失去了曾毋庸置疑属于她的土地。她带着一小群忠实的支持者逃到了叙利亚。克利奥帕特拉对弟弟感到愤怒，对将弟弟变成敌人的谏臣更为愤怒。克利奥帕特拉并没有放弃她的野心，而是着手建立一支军队帮她重夺王位。这位女王在叙利亚开始屯兵，她年仅 13 岁的弟弟开始关注罗马内战。庞培在法萨卢斯败给恺撒之后，逃到一个他确信可以当作避难所的地方——他的老盟友埃及。

克利奥帕特拉并没有放弃她的野心，而是着手建立一支军队帮她重夺王位。

庞培离开他的大船，登上一艘小渔船到达岸边。他的妻子和孩子们从远处紧张地注视着。埃及小男孩法老托勒密，则坐在专为这一场合设计的宝座上。托勒密一直看着庞培，表情谨慎又难以捉摸。托勒密周围的人张开双臂，笑容灿烂地喊道："向您致敬，指挥官！"直到船到达岸边，庞培才意识到他中了暗杀的圈套。庞培甚至还没有发声，就被背后的剑反复戳刺致死。这位曾经伟大的执政官被斩首，残缺不全的尸体被扔入海中时，托勒密甚至没从王座中站起来。整个欢迎仪式就是个诡计。恺撒的对手死了比活着更有价值。

4 天后，恺撒到达亚历山大港时，他的

5个未解之谜

她被卷在毯子里

在希腊传记作家普鲁塔克描述中，克利奥帕特拉被送到宫殿中之后，衣衫不整地被卷进波斯毯子中送到恺撒那里。我们很难证明这件事的真实性。恺撒作为世界上最有权势的男人，可能不会让一个可疑的包裹进入他的房间。即使是这样，克利奥帕特拉也应该早些出现，优雅地亮相。

她是蛇蝎美人

有人称克利奥帕特拉在有势力的男人之间大搞暧昧，也不知孩子的父亲是谁。这都是罗马官员对她的诋毁。实际上，有证据表明她只与两个人有过纠葛，即恺撒和马克·安东尼。

她是埃及人

埃及有史以来最著名的法老根本不是埃及人，克利奥帕特拉是希腊人。托勒密家族的祖辈曾是亚历山大大帝的将军。尽管她的家人在埃及生活了300多年，但她仍被认为是希腊人。与她的祖先不一样的是，克利奥帕特拉会讲埃及语。

她戴着假胡须

埃及女王要戴着假胡须的概念源于埃及人认为冥王俄西里斯（Osiris）神留着大胡子，这就促使埃及法老们也都这样做，显示自己已成为神灵。但是到了克利奥帕特拉时期，这一传统几乎完全消失了，也没有任何记录描述她戴过假胡须。实际上，已知唯一戴过假胡须的女法老是哈特谢普苏特（Hatshepsut）。

她因被角蝰啮咬而死

这个传说能被世人接受，完全是因为一幅描绘克利奥帕特拉去世时将一条蛇抱在怀里的画作。然而，这件事的记载还存在一些疑点。克利奥帕特拉被角蝰咬后不会迅速死去，她更有可能同时服了毒药。关于蛇咬了她的胸部的说法肯定是不正确的，因为所有的古代资料都说是咬了她的手臂。

老对手的头颅也被呈了上来。但是，托勒密的幕僚很快意识到了他们的错误，因为这位罗马将军彻底被震惊了。他在带领部队前往亚历山大的王宫之前一直大声痛哭。当恺撒看到当地人的不满和埃及因内战要一分为二的趋势时，他做出了决定。他需要亚历山大的税收带来的财富，而增加税收的唯一方法是让城市稳定下来。这场姐弟之间的争斗必须结束。他召见了克利奥帕特拉和托勒密。对于托勒密来说，去亚历山大港很容易，但是克利奥帕特拉要用她所有的机智才能确保自己安然进城。

由于港口被弟弟的船挡住，克利奥帕特拉在夜深人静之时离开部队，乘小船沿着海岸前行。作为埃及法老、托勒密的王后，这种旅程完全不符合她的身份。但是胜利需要牺牲，她坚信这些她潜行的街道和水域很快就会再次为她所有。要进入宫殿区是一个挑战，真正的夜间大戏即将开始，她将要与世界上最有权势的人面对面。

她的弟弟会拼命杀掉恺撒的敌人，亲吻他的脚以得到他的支持。但他很快就会因为急于取悦罗马人并被愤怒的罗马人吓到而惊慌失措。她的弟弟就是个傻瓜。恺撒对埃及的需求与埃及对罗马

家族成员

追溯克利奥帕特拉的家谱会发现托勒密家族之间的关系有多紧密

埃及托勒密家族的祖先可以追溯到托勒密一世·索特尔，他是亚历山大大帝的希腊将军，于公元前323年成为埃及的统治者。亚历山大去世后，麾下的几位高级将领将亚历山大的领土分割自治。托勒密家族完全不考虑近亲结婚的危险，他们的传统就是兄弟姐妹间联姻。这种做法的便利之处是，女王从出生起接受的训练使她能够更好地扮演女王角色，王室家族则成为远离群众的不可撼动的精英阶层。这与他们敬重的埃及神灵迎娶自己的姐妹如出一辙。

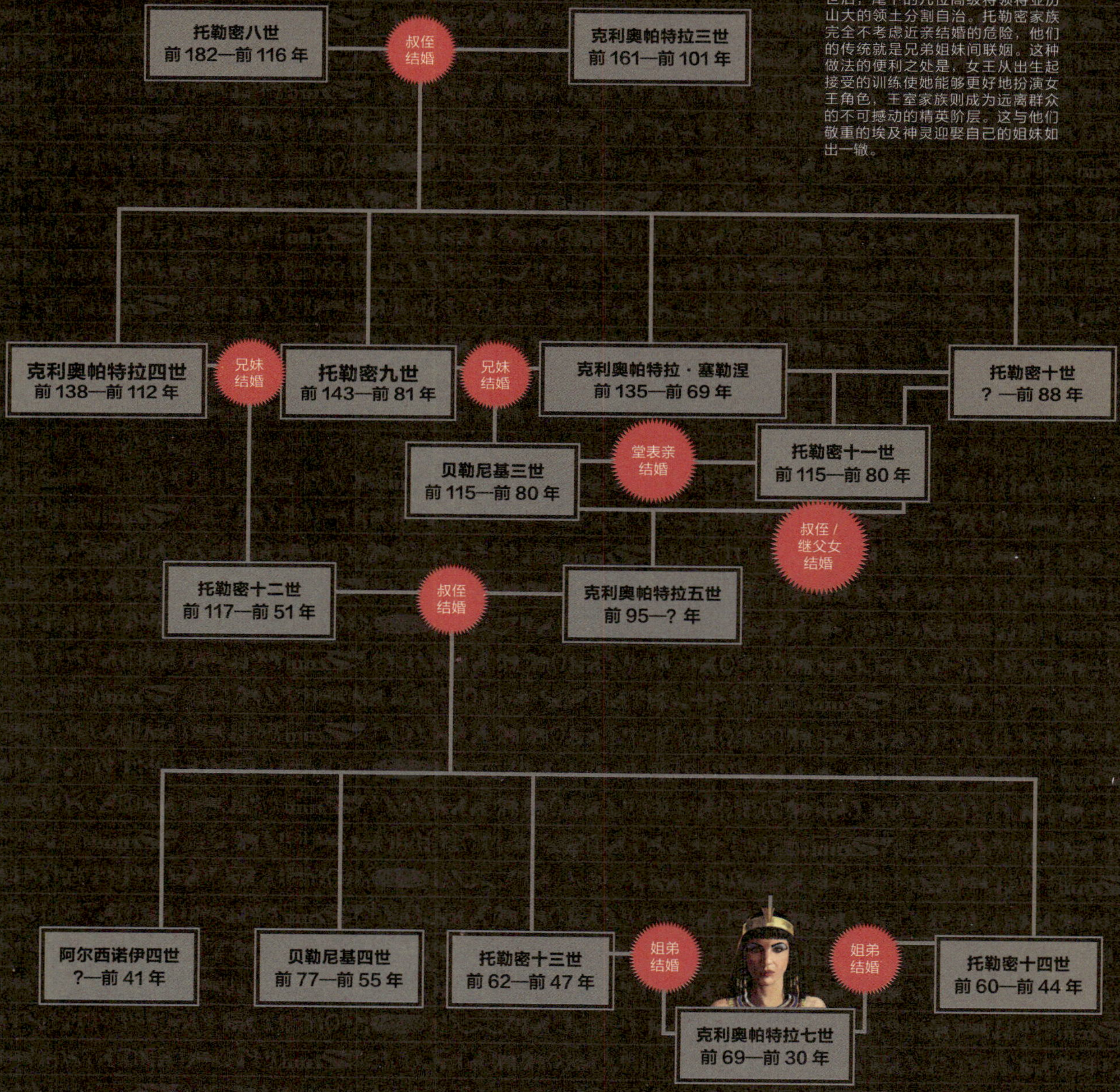

的需求一样多，克利奥帕特拉会利用这一点为自己谋取利益。

克利奥帕特拉不想等到第二天当着一个孩子的面卑躬屈膝为自己申辩，她当晚就打算和罗马将军对话。于是她偷偷溜进宫殿，设法进入了恺撒的私人房间。

罗马知名的“终身独裁官”俯视着这个娇小的女人。她立刻意识到必须抬起头才能看到他的眼睛。他比年轻而大胆的埃及女王大得多，后退的发际线完全遮掩不住。这位将军虽韶华不再，但他刚刚赢得了最伟大的胜利。这是克利奥帕特拉第一次凝视着这位举世闻名的罗马名人，也是恺撒第一次面对她。她的弟弟还是个孩子，是个被人操控的法老，只是听凭那些腐败谋臣摆布的傀儡。但是克利奥帕特拉集祖先所有的魅力、智慧和野心于一身。她会趁弟弟睡觉时抢先得到恺撒和罗马的支持。她会凭借自己的魅力在弟弟失败的地方站起来。

年轻的托勒密十三世没想到，他第二天醒来时，姐姐竟然已经到了王宫。后来他发现姐姐不仅来了，还趁夜引诱恺撒加入她的阵营，这简直是最后一根稻草。他在绝望中尖叫着逃离了宫殿，一把扯下头顶上的王冠跪了下来。此时即便人们涌进来抗议，恺撒也不为所动。罗马表明了态度，姐弟二人将按照父亲的意愿共同统治埃及。

和平并没有持续很长时间。年少的托勒密已被野心勃勃的奸巨荼毒，他加入了反叛的另外一个姐姐阿尔西诺伊四世的阵营。他们二人召集了一支足以挑战克利奥帕特拉和恺撒大军的庞大军队。他们为之奋战的国家将为此付出代价。公元前48年12月，著名

△ 一枚银币上的克利奥帕特拉形象显示她有一个鹰钩鼻

的石头城亚历山大被点燃。数百名公民在这场大火中丧生，举世闻名的图书馆和它珍藏的无数珍贵手稿也付之一炬。恺撒的增援部队从别迦摩赶来，最终击败了托勒密的军队。年轻而浮躁的国王乘坐一艘超载的小船要横穿尼罗河逃走。不幸的是船沉了，托勒密被他精致沉重的纯金铠甲拖到了水底。

一个托勒密死去了，但是另一个托勒密仍然活着。托勒密十四世，就是克利奥帕特拉13岁的弟弟，在哥哥去世后立即成为她的丈夫并与她共同统治。克利奥帕特拉可能得到了恺撒的支持，但传统仍然是传统，女性无法独自统治埃及。恺撒与埃及建立了可靠的伙伴关系，而埃及也成了罗马领土。新联盟高调亮相，克利奥帕特拉和恺撒并坐在巨大的皇家游艇上，与罗马舰队和埃及船只一起沿着尼罗河航行。

埃及和罗马结成了联盟，但克利奥帕特拉发现自己还是要与另一个托勒密共同统治埃及，托勒密长大后一定也会变得野心勃勃。她不会让另一个兄弟被佞臣左右来对付她。

她撰写了《化妆品》一书，这是一本针对脱发和头皮屑等的药物治疗书。

△ 克利奥帕特拉既像一个知识分子、学者，又像一个热情的战士

只要托勒密十四世还活着，她的统治地位就会受到威胁。她清楚地知道埃及永远不会接纳终身的女王，但是她可以用一些手腕确保她的独裁统治。她不仅从与恺撒的伙伴关系中得到他的政治支持，她还怀孕了，孩子在公元前 47 年出生。她受到了神灵的眷顾，生的是个男孩，她给他取名为恺撒里昂，意思是“小恺撒”。现在她有了继承人。克利奥帕特拉在稳坐埃及王座的 3 年中，慢慢赢得了曾要取她性命的亚历山大暴民的爱戴。她带着儿子到罗马旅行，住在恺撒的乡间别墅里。关于她儿子的父亲身份的谣言愈演愈烈。她并没有遏制这些传言，恺撒的继承人是一个非常有力的工具。

公元前 44 年 3 月 15 日恺撒被暗杀时，克利奥帕特拉离开罗马回到了亚历山大。当下是采取行动的最好时机。没有强大的罗马情人在身边，她需要一个可以确保自己统治地位的盟友，而这个盟友绝不会带领叛军推翻她。她知道兄弟绝不能信任。那年晚些时候，最小的托勒密疑似中毒身亡。在埃及看不到有人表现出悲伤。两个托勒密去世时都很年轻，但这在埃及并不罕见。取而代之的统治者是新任法老——年轻的恺撒里昂。克利奥帕特拉终于成了埃及法老。她的儿子还只是个婴儿，除了名分以外，她可以独自统治了。埃及的权力握在了她的手中。

时代的终结

克利奥帕特拉幸存的孩子们被屋大维亚收养。他们成为罗马公民，并迅速淡出人们的视线。埃及现在是罗马的一个省，由地方行政长官统领。希腊语仍然是官方语言。亚历山大继续繁荣发展，成了许多宗教起义和军事起义的基地。

公元 269 年，凶猛的巴尔米拉（Palmyra）武士女王芝诺比阿（Zenobia）征服埃及之时，另一位女性宣称要占领亚历山大。芝诺比阿仰慕克利奥帕特拉，她很快就将深恶痛绝的罗马敌人斩首。她一直统治埃及到公元 274 年，之后被罗马皇帝奥勒良拘为人质。命运弄人，奥勒良在罗马取胜之时，芝诺比阿又重返历史舞台。

希腊－罗马风格的埃及遗迹仍然存世。尼罗河沿岸仍能看到一系列宏伟的神庙，其中包括位于丹达腊（Dendera）的哈索尔神庙（Temple of Hathor）。神庙的墙壁上克利奥帕特拉和小恺撒的精美肖像仍然引人注目。在希腊罗马时期的许多木乃伊棺板上可以看到埃及与罗马文化的精妙融合。在那些埃及象征手法和绘画和罗马象征主义相伴出现的画作和雕塑上，反差对比一目了然。于是，一种古老的风格与一种更古老的风格融合在一起，如今这也是罗马和埃及之间、安东尼和克利奥帕特拉之间早先相互联结的纽带仅剩的一点儿遗迹了。

△ 演讲是罗马公民所能拥有的最好技能之一，西塞罗被认为是最伟大的演说家

罗马之音

Voice of Rome

西塞罗是一位战略家、哲学家和人民领袖，他戏剧性的职业生涯恰逢共和国的衰落和帝国的崛起

马库斯·图利乌斯·西塞罗从藏身的垃圾中向外看是否有人跟踪他。他不停地出汗，心脏怦怦乱跳，看上去很紧张。他不是第一次逃避当权者。他奉献终身保护的罗马共和国再次背叛了他，而这次他将被立即处决。他用余光偷瞄，看见两个武装士兵正朝抬垃圾的奴隶走去。他们喊着西塞罗的名字并叫奴隶们停下，西塞罗知道他现在命悬一线了。他严肃地看着那些人，说："士兵，你所做的一切都是不对的，但一定要好好地杀了我。"随后他低下头，等待着致命的一击。

西塞罗的家族在他成年之前默默无闻，在元老院和法院内都没有影响力，和贵族也没有交情。西塞罗住在阿尔皮诺（Arpinum），为了改变命运而努力读书，他的父亲坚信他会在罗马政治中有所作为。他学习希腊语，学习柏拉图和阿基米德的哲学和其他学说。在罗马文化中，领导罗马的政治和军事精英必须掌握这类知识。他是一个勤奋的学生，曾前往希腊去发掘先哲理想的秘密。后来他成为一名熟练的诉讼律师并在各省赢得声誉，他以高超的演讲技巧吸引了公共法庭听证会上的人群，还因为受理一个没有任何人接手的法律案件而变得远近闻名。

西塞罗非常了解他的敌人。在公元前63年的执政官选举中，他身穿托加长袍。

作为地主和地方商人的代表，西塞罗对法律有了深刻认知，但这并不能满足他日益增长的自我需求。因此，他在起诉贪婪的罗马总督盖乌斯·维尔列斯（Gaius Verres）的案件中看到实现他梦寐以求的地位跃迁的机会。西塞罗的起诉风险巨大，维尔列斯请了罗马第一律师昆图斯·霍塔勒斯（Quintus Hortalus）为自己辩护。如果年轻而缺乏经验的西塞罗输给了对方，就会一败涂地。他认真地为案件做准备，花了大量时间研究自己的声音和姿态，以确保他可以成为有史以来最好的演说家。他知道只有全力以赴才能获

"他奉献终身保护的罗马共和国再次背叛了他"

西塞罗时代的生活

征服者罗马

虽然罗马的国力在西塞罗有生之年并没有达到巅峰，但它仍然是意大利半岛乃至更远地区的主导力量。它的影响范围从现代法国高卢的泥泞田地延伸到埃及尼罗河畔谷物丰富的平原。

奴隶和罗马自由民

罗马社会对罗马人和奴隶进行了区分，罗马人有权拥有财产并影响政治制度，而奴隶则完全没有权利。从家仆到矿工，奴隶服务于罗马的每个角落。正如人们所想，西塞罗也拥有许多奴隶。

罗马共和国

罗马帝国的前身是罗马共和国，它是一个由元老院及其执政官领导的政治体系。虽然共和国表面上看起来民主自由，但实际上只有精英才可以享受服务，整个政治进程十分无耻腐败。

阶级斗争

贵族、统治精英和平民以及所有其他罗马人之间存在阶级划分。尽管统治家族在这段时期一直控制着元老院，但他们一直生活在对平民暴动的恐惧之中，需要定期对平民“暴民”进行安抚。

神与人

宗教在罗马人的日常生活中起着重要作用，人们普遍认为万神殿对罗马人的生活有直接影响。奇怪的宗教团体和丰富多彩的宗教仪式一直是熙熙攘攘的城市街道特殊的风景。

△ 只有元老院才能批准举办凯旋式，这是所有罗马大人物崇敬和憧憬的仪式

胜，因为这件案子将被提交到罗马帝国的司法中心——罗马法庭。

准备工作取得了成效。他不仅赢了官司，还在罗马最高级别政府的晋升体系中成为行政长官。他继续在公职人员的队伍中工作，在处理高知名度案件的同时不断提升自己的实力。他爱上了在罗马广场的柱基上向人们演讲，散发魅力。

西塞罗在当选执政官时达到了罗马人职业生涯的顶峰，这也是他能达到的最高职位。作为执政官，他利用自己的演讲技巧镇压了一场针对他的叛乱阴谋，说服暴民谴责涉事人员为叛徒。西塞罗判处他们死刑，理由是局势已经十分危急，周围民怨沸腾，他无法不顺应民意审判那些被指控者。宣判时，他对群众说了一句“他们死了”（“Vixerun”），随即人民爆发出热烈的掌声。事实上，这是一种十分冒险的策略。在罗马残酷的政治游

◁ 马克·安东尼在尤利乌斯·恺撒的遗体旁发表演说，这两人都是西塞罗的敌人

争夺权力

尽管罗马在这一时期比较稳定，但罗马共和国及其政治制度正在经历巨大的动荡。元老院已无法遏制那些指挥庞大军队的罗马领导人的野心。其中一个名叫盖乌斯·尤利乌斯·恺撒的人曾以格涅乌斯·庞培联合执政官的身份统治罗马，但他担心庞培编织的阴谋会击溃他在元老院的权威。很快，他们的冲突升级为将整个罗马及其附属国卷入其中的破坏性冲突，使罗马发生内讧。此时，元老院正努力维持自己的地位，但却不断被恺撒这样的人推翻，恺撒手里拿着一张致命的王牌——一支能够洗劫城市的军队。政府官员往往是事态发展的幕后黑手。当恺撒被暗杀时，马克·安东尼成了这座城市的主导力量。恺撒收养的屋大维也自称恺撒，接管了城市。随后安东尼逃离，安东尼的支持者也发现自己地位不稳。对于像西塞罗这样的元老来说，这是一个危险的时期，如果在这些暴动中站错队，只要对方重新掌权，就可能给自己带来厄运。政治暗杀的威胁也一直存在，这种做法在罗马社会中并不少见。

戏中，在公职部门不依法行事便会树敌，果然，当他的任期结束时，一群政敌提出了一项法律，惩罚那些未经审判就对罗马公民处以刑罚的人。西塞罗被击败。暴徒们开始反对他，新任执政官对他没有丝毫同情，他最终被流放了。

西塞罗戏剧性的权力上升之路被切断了。他最后给他的贵族朋友提图斯·阿提库斯（Titus Atticus）写了一封关于他不幸遭遇的信：“你的请求打消了我自杀的念头。但生活的意义何在？别怪我抱怨。我所受的苦难，比你们先前所听见的任何痛苦都要深重。”

公元前57年罗马领导层再次更迭时，西塞罗被判缓刑，他的祈祷似乎得到了回应。他从希腊住所登上一艘船，准备重新进入残酷的罗马政治世界。他回国后发现共和国的一切都很糟糕。格涅乌斯·庞培和尤利乌斯·恺撒从朋友转变为对手，这种政治动荡使脆弱的罗马政治体系产生了分歧。恺撒向西塞罗寻求帮助，希望能有一个受人尊敬的人来支持他反对庞培，但西塞罗决定明哲保身。如果说他在流亡期间学到了什么，那就是支持他看到的赢家。庞培人脉更广，在元老院有更多的支持，而且似乎得到了罗马暴民的肯定，他最后决定将自己的命运交给庞培。庞培是一个希望恢复共和的人，一旦恺撒被击败，作为回报，他赋予西塞罗权力和影响力。然而，命运对西塞罗开了一个残酷的玩笑。恺撒不畏艰险，在公开的战斗中击败了庞培，西塞罗和庞培的残存军队再次被流放。

西塞罗第二次出走时前途暗淡。他回到罗马后，恺撒希望元老院仍保持一个不稳定的状态，于是决定赦免他。恺撒选择宽恕而非责罚西塞罗，同时大力评论他的演讲技巧“比扩张罗马帝国的疆界更重要的是大大扩展了罗马精神的疆界”。但这番阿谀奉承并没有使西塞罗站在恺撒一边，他回到罗马后发现事实侮辱了他的感情。恺撒像个暴君一样统治着共和国，他不断改变传统以使国家可以适应自己的政治需要。

不出所料的是，恺撒树敌众多，他在3月15日的宗教节日期间在元老院被谋杀。西塞罗决定让这一事件比庞培的惨淡结局得到更好的利用。尽管他在公开场合既不支持也

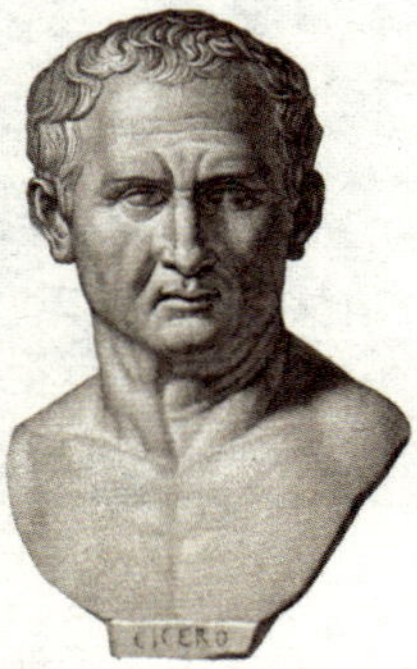

决定性时刻

盖乌斯·维尔列斯案（公元前75年）

西塞罗职业生涯中最著名的案件之一是他起诉腐败的西西里总督盖乌斯·维尔列斯。维尔列斯暴戾专横，残害罗马臣民。西西里人听闻西塞罗是一名出色演说家后，请求西塞罗代表他们起诉维尔列斯。经过一番辩论，西塞罗将此案带到罗马，并凭借高超的演讲技巧战胜了维尔列斯花重金聘请的律师。每当西塞罗说到他与人民密切相连时，聚集的人群都会为他欢呼喝彩。这种早期的成功奠定了他政治生涯的基础。

西塞罗出生
西塞罗出生于罗马城外阿尔皮诺的一个骑士家庭。虽然西塞罗的父亲是个有钱人，但他的家庭并不属于统治精英阶层。
公元前106年

106 BCE　　90 BCE　　75 BCE

时间轴

先驱
西塞罗在斯特雷波和苏拉的领导下作为先驱者参军。共和国盟军与意大利众城市之间发生战争期间他正在服役。
公元前90年

不谴责暗杀，但他给布鲁图斯的一名支持者写了一封私信，信内提道："我多么希望你曾邀请我参加3月15日的那次光荣之宴。"

恺撒死后，布鲁图斯的同谋们一直在寻找一个具有凝聚力的人，西塞罗再次获得了权势和影响力，在这方面，也许只有马克·安东尼能胜他一筹。安东尼与恺撒的关系是众所周知的，而西塞罗与恺撒交情甚浅，所以对他们之间的紧密关系十分嫉妒。西塞罗认为安东尼只不过是一个政治机会主义者，因为他主人的去世而获利。他公开谴责安东尼，发表演说针对安东尼，还向朋友谈论安东尼的性丑闻。但安东尼指挥着一支军队，这比一个成熟的演说家所说的话要有用得多。安东尼似乎要留在罗马，直到恺撒的养子和继承人屋大维回到首都。西塞罗支持屋大维将国家从野蛮的安东尼的统辖下解放出来，并声称他是一个正直的人，支持屋大维对抗安东尼。在一场激烈的战斗中，屋大维打败了逃到高卢的安东尼。西塞罗再次做出判断，认为安东尼已无东山再起的可能，战败出逃是他自以为是应得的报应。但西塞罗又错了。令人惊讶的是，屋大维与安东尼最终和好如初，他们希望从敌对的元老院中夺走权力，所以与马尔库斯·雷必达一起，宣布成立后三头同盟，以军政府的方式统治罗马。

西塞罗尽力压抑他对共和国灭亡的强烈不满，讨好屋大维，但这一切都太晚了。他

87 BCE

哲学家
西塞罗开始对希腊哲学非常着迷。罗马社会规定当权者必须掌握希腊语。
公元前87年

66 BCE

罗马裁判官
西塞罗成了一位裁判官和著名的治安法官。裁判官同时也是一个军事职位，但他对军事的兴趣非常有限。
公元前66年

63 BCE

实权
西塞罗被任命为罗马元老院的执政官，这是罗马最有权势的职位之一。执政官是元老院的领袖，拥有绝对否决权。他在当执政官的时候揭露了喀提林阴谋。不经审判就判处叛徒死刑的决定将再次给他带来麻烦。
公元前63年

△ 公元前 44 年，尤利乌斯 · 恺撒遇刺。恺撒试图把已在政治体系内工作的西塞罗带入他的核心圈子

“他又犯了一个重大错误，因为他信任那个自称奥古斯都 · 恺撒的年轻人”

流放
西塞罗在新执政官和保民官处失宠后，被迫流亡到希腊的塞萨洛尼卡，陷入深深的绝望中。
公元前 58 年

58 BCE

57 BCE

49 BCE

返回罗马
西塞罗被提图斯 · 米洛邀请返回罗马，他立刻接受机会，希望可以重振在共和国的政治生涯，随后他返回了罗马。
公元前 57 年

逃犯
西塞罗发现自己因为支持庞培而不是他的竞争对手——广受欢迎的盖乌斯 · 尤利乌斯 · 恺撒，从而站在了舆论的错误一边。随后，他被迫与庞培的士兵一起逃离这座城市。
公元前 49 年

信任那个自称奥古斯都·恺撒的年轻人，又一次判断失误。西塞罗突然被定为公敌，随后他面临两种选择——留下来面对一场审判或逃跑。这个后来被形容为“雄辩的化身”的人，将长袍披在身上，一头扎进黑夜中，被他帮助掌权的人追捕。当他奔向安全的希腊时，他兄弟的奴隶向安东尼的间谍出卖了他。最终，他在海岸附近被逮捕。

在罗马庞大的市场上，两个武装士兵提着一个又大又重的袋子，悠闲地走到广场的前门。他们打开袋子，取出里面的东西——一颗被砍下的头和沾满凝固血迹的两只手。其中一个人把这颗头贴在门上，用力把腐烂的下巴打开，拔出舌头，把舌头钉在腐烂的皮肤上，让嘴巴看起来像在说话。在最后这场怪诞的展览中，西塞罗被钉在广场上最后一次向民众发表讲话，所有人都前来围观。

> 他的作品在14世纪被重新发现，影响了文艺复兴时期统治者的统治方式。

决定性时刻

被屋大维出卖（公元前43年11月）

屋大维·恺撒是盖乌斯·尤利乌斯·恺撒的养子和继承人，他随后返回了罗马。西塞罗向这个自称恺撒的年轻人示好。马克·安东尼被迫逃离城市，躲入山里，这对西塞罗和共和国来说是短暂的胜利。因为屋大维不愿意与元老院的“傻瓜”分享权力，所以他背叛了西塞罗，并与安东尼单独达成协议。屋大维和安东尼结成同盟，西塞罗发现自己失宠并遭到孤立。

44 BCE

弑君日
恺撒在元老院被庞培的支持者布鲁图斯谋杀。虽然西塞罗不在暗杀现场，但他在私下是支持布鲁图斯行动的。
公元前44年

43 BCE

西塞罗对阵马克·安东尼
在随后的权力真空期，西塞罗和马克·安东尼成为罗马的主导人物。不幸的是，他们之间几乎没有任何情分，而且经常发生冲突。
公元前43年2月

43 BCE

演讲家之死
在看到屋大维·恺撒和马克·安东尼背叛他之后，西塞罗逃离了罗马，但被抓获并立即处决。
公元前43年12月

垮台与衰亡

Downfall & Demise

了解恺撒的政治决定如何给他带来悲剧性的灭亡，以及他给后人遗赠了些什么

“对于恺撒的外国敌人和政治对手来说，他是自恋的追逐荣耀之人”

▽ 恺撒虽然赢得了公众的喜爱，但他的对手不会被他慷慨大方的表现所迷惑

真实的恺撒

The true Julius Caesar

对罗马人来说，恺撒是普通人的英雄；但对他的对手来说，他却是自恋的追逐荣耀之人。对这个男人的评价两极分化的原因是什么？

如今，尤利乌斯·恺撒已成为人类历史上最著名的人物之一，他曾被搬上舞台或者荧屏，是无数书籍中的主角，并为许多追随他的人提供了灵感。恺撒神话般的地位为他创造了传奇的光环。但他不是神，而是一个人，一个会生活会呼吸的真正的人。他会犯错，也会为之付出代价。他究竟是个什么样的人？他的朋友、敌人和恋人对他有什么看法？这个人是怎样从群众中崛起，最终变成传奇的呢？

恺撒敏捷的思维不但让他赢得麾下军队的尊重，而且让他赢得无数战役，一举成为罗马英雄。

对于恺撒的情况，最有据可查的是他的才智。他所成长的世界无比残酷，有无数坚强和勇敢的人愿意尽一切努力赢得胜利。尽管罗马很重视智慧，但拥有智慧的人却极少。恺撒博览群书，也受过良好的教育，是一个非常善于表达的作家，甚至是一个演讲家。恺撒很小的时候就知道，他可以利用语言鼓舞人心。他的演讲能激起罗马人民内心的共鸣，并可能迫使陪审团推翻判决。当然，除了善于言辞外，还有更多的方式表现出聪慧。在他的整个军事生涯中，他都能出其不意击败对手。他的战略和军事才能助他得到了手下的支持，并一次又一次在战争中获胜。罗马青睐胜利者，恺撒用他超凡的智慧赢得了一场又一场的战斗，最典型的例子是阿莱西亚之战。恺撒跟随敌人来到层层设防的城镇后，不像大多数人一样大肆洗劫，而是发起了围城战。他在城市周围建起围墙和沟渠来监视城中敌人，而且盯住敌方的增援部队，守住自己的据点。恺撒敏捷的思维不但让他赢得麾下军队的尊重，而且让他赢得无数战役，一举成为罗马英雄。恺撒非常聪明，但也容易不计后果。他才智出众，同时是一个冒险家。这在战场中、政治上和他的个人生活中均有体现。他挥金如土，导致自己破产蒙羞。

“他与克利奥帕特拉的恋情可能会让他付出一切代价”

英雄还是恶棍?

今天人们对恺撒的评价要比他生活年代的评价更加复杂。也许受恺撒在书中、电影中和戏剧中的形象影响，公众对恺撒的评价存在分歧。

即使是恺撒的批评家也不能否认他是一个又聪明又能鼓舞人心的人。他是一位有成就的军事领袖，更令人印象深刻的是，他白手起家，成功之后并没有急流勇退，而是继续奋斗。他是一个有远见的人，无论是不是为了个人荣誉，他都愿意为了人民利益去撼动整个制度。他翻修了罗马破旧的道路，还资助公共事务。但是，罗马是一个为摆脱国王统治而感到自豪的国家，而恺撒受到一己私利的驱使一心想成为国王。通常情况下，他的利益与罗马的利益背道而驰。恺撒发动了一场血腥的内战使罗马共和国屈从于他，满足他的私利。尽管恺撒经常被描绘得比他的对手更爱好和平，但实际上恺撒曾掀起大屠杀，歼灭军队，并使高卢城镇陷入饥荒。

按照今天的标准，恺撒堪称当时最狂暴凶狠、工于心计的独裁者之一。但是他生活在一个充斥着构陷、欺骗和血腥的时代。按照那时的标准，他是一个宽容而讨人喜欢的人。直接判定他是好人还是坏人固然很方便，但恺撒是一个复杂的个体，他的行为既能毁民，也能惠民。真诚的善意或者对权力的个人追求驱使着他，他真正的动机可能永远不得而知。

△ 奥洛莫乌茨的恺撒喷泉是模仿君士坦丁大帝的雕像建造的

37岁的恺撒为了当上大祭司赌上了一切，他甚至告诉母亲，他要么获胜，要么流亡。恺撒被视为军事英雄，原因之一是这种孤注一掷使他的手下陷入万劫不复的境地。在敌国领土上，恺撒的军队数量常落于下风，而恺撒会在最后一刻将他们救出。他称这种能力为“恺撒的运气”，这也成了他创新式的战争手段并一直沿用。恺撒的敌人对待战争是传统、审慎的，这种作战方式让他们感到困惑和惊讶。但是这种战争手段也多次以惨败告终。恺撒第一次远征不列颠时，海峡群岛的惊涛骇浪就使他措手不及。

如果一个人既机智又鲁莽，这是很危险的，再加上恺撒的充沛精力，这简直是致命的。恺撒不会停歇。在担任高卢总督期间，他参与战争长达7年并写了7本书作为记录。他在一生中也四处游历。实际上，恺撒似乎很难久居一处，他总是不安于现状。恺撒的感情观也是如此。他一生中有3个妻子和数不清的情妇，他既要忙于战争又要应对感情之事。以罗马的标准来说，他在老年时也这样私生活混乱，亦是不寻常的。他与已婚妇女有染，有些丑闻可能会使他的职业生涯终止。最著名的一段就是他与克利奥帕特拉的恋情，这很容易使他付出的努力都付诸东流。他与元老院元老的妻子的私情半公开化，却还能与元老本人保持良好关系，这证明了他拥有超凡的魅力。罗马首富克拉苏帮助恺撒偿还债务，实际上他很可能很清楚恺撒与自己的妻子有私情。

△ 在阿莱西亚之战中，罗马战士以一敌四

总之，恺撒是个讨人喜欢的人，这要归功于他的某些品质。第一就是他很慷慨，他给朋友和家人赠送奢华的礼物。他还一次又一次地对他征服的国家表示出仁慈，赦免那些战败的政敌。尽管人们把这归结为慷慨，但这也可以展现出他本性中狡猾的一面。恺撒的任何举动都是有目的的，他在多种场合都表现出了残酷，因此他不会心慈手软。他很上进，渴望权力。他非常有信心让人们转而支持他，所以他对那些能构成巨大威胁的人统统赦免。恺撒的这种策略多年中屡试不爽，但这种自信心也导致了他的失败。大多数罗马人都崇拜恺撒，他精妙地将自己塑造成人民的战士。

他非常有信心让人们转而支持他，所以他对那些能构成巨大威胁的人统统赦免。

他兴建公共设施，提拔平民在政府和军队中担任要职，并且推行有关民生福祉的新法律。他还在耗资甚巨的体育竞赛和节庆中一掷千金，迅速赢得了平民的支持。许多普通百姓对元老院不信任，认为它腐败而且压迫平民。而恺撒所做的一切似乎打破了过去的印象。他会给予人们需要的东西，人们也因此而崇拜他。历史学家苏埃托尼维斯说，恺撒“不仅因为有正式的法令任命，他在人们心中已跻身众神之列”。恺撒是最早建立个人崇拜的独裁者。尽管穷人认为他是平民权利的捍卫者，但他

◁ 恺撒被视为有史以来最伟大的军事指挥官之一，拿破仑·波拿巴也很钦佩他

的政敌却不这样认为。

恺撒的敌人不认为他是个慷慨大方的人，而认为他是一个渴望权力的控制狂，会竭尽所能登上权力顶端。恺撒的一位政治劲敌去世时，他没有为之欢欣鼓舞，而是为其哀悼。这样做让公众更爱戴恺撒，但在政界人士看来，他这样做是为了防止竞争对手成为殉道者。恺撒的批评者们认为这是能暴露其狡猾、工于心计的事例。

恺撒也许真的慷慨大方，但他不惧怕给元老院施压。毕竟他确实一直强调自己是独裁官。贵族阶级特别不喜欢恺撒夺走他们凌驾于下层阶级的权力，也不喜欢他打乱现状。庞培等许多将军对恺撒的野心非常警惕，恺撒从人民那里得到的支持越多，他们对他最终争夺政权的担忧就越强烈。恺撒确实用忠实的元老取代了不忠的元老，但至关重要的是他没有剥夺反对派的权力，因为他对自己的能力非常有信心。反对派并没有被虚伪的慷慨动摇，他们聚集在一起谋划反对恺撒。

在他们看来，恺撒是一个渴望权力的独裁者，认为自己极其重要，而他控制一切只是时间问题。这些导致了他在元老院被杀。对许多人来说，这是一次胜利。马略曾说："我们的暴君就应该去死。这个人想要成为罗马人民的国王，成为整个世界的主人……在这样一个理应自由的国家做国王是错误的，是不公平的。"然而，对于恺撒的支持者而言，暗杀是一场灾难。他们变成了暴徒去追捕密谋者，并迫使密谋者逃亡。这座城市充斥着混乱、掠夺、破坏和歇斯底里。恺撒给人民留下了良好印象，因为他的遗嘱规定，他的别墅、花园和美术馆对大众开放。他的财产分给了平民，每位公民可以得到 300 塞斯特斯。无论这是发自内心的慷慨和善意，还是使自己永远活在人们心中的聪明举动，都让人民觉得感动。民众聚集在他的骨灰旁，悲痛数日。我们可以在奥古斯都统治时期看到恺撒遗产的力量，恺撒的继承人将他的帝国梦想变成了现实。后继的罗马统治者或被割喉，或精神失常，或杀人如麻，或残杀家人。与这些人相比，恺撒似乎是一个讲情理、慎重、伟大的人。从某种意义上说，他以皇帝的身份留下的遗产有助于他建立身后的良好声誉。如今的观点与恺撒时代相差甚远，但事实是，全世界的人仍然在谈论他。恺撒追求的是被世人铭记，无论名声是好是坏，在这一点上他是成功的。

◁ 恺撒和亚历山大都宣称自己是众神的后裔，这让他们的要求也沾上了荣光

寻找传奇

有许多大胆而勇敢的领导人鼓励恺撒以自己的方式争取成功，恺撒的叔叔马略就是其中一个。恺撒试图效仿的最著名人物是亚历山大大帝。恺撒曾注视着亚历山大雕像哀叹自己缺乏影响力，这一场景已成为传奇。两人之间确实有许多相似之处。

他们两人都想成为人民眼中的英雄。他们都想改变现状，改变国家秩序，并为后世留下持久的遗产。两人在战场成名，但他们更多地依靠自己的运气和最后一刻的仓促决定。与长期在前线作战的亚历山大一样，恺撒渴望成为战场上的焦点。他会穿上鲜艳的长袍，这样他的手下就能看到他并受到鼓舞。这让士兵更热爱军队，恺撒也赢得了士兵的忠诚和尊重。据说，为了效仿亚历山大大帝，恺撒在去世之前曾计划入侵帕提亚帝国。效仿亚历山大大帝也导致了恺撒死亡。亚历山大是万人之上的皇帝，恺撒心向往之，但却未能称帝。恺撒一心想复制亚历山大的绝对权力，但却带来了失信、猜忌和被暗杀的命运。

独裁官手册

古罗马 公元前51年

8年前，罗马共和国3个最有权势的人联合统治，组成前三头同盟。庞培是现任最伟大的军事指挥官，克拉苏是罗马首富。而你，尤利乌斯·恺撒，则是最杰出的政治家之一。凭借通过联盟获得的资金和自己的影响力，你推动了元老院反对的土地改革和向穷人重新分配财富的方案。你还任命自己为高卢地方长官，但是高卢各个部落对此并不满意。前三头同盟时期，你大多数时间都带领军队远离罗马。但是现在克拉苏在战斗中身亡，只有庞培一个人在罗马。庞培变得傲慢、腐败、对你多疑。现在是时候返回罗马夺回控制权了。

注意事项

☑ **1. 抢占先机**
带领你的军队前往西班牙，击败忠于庞培的军团，他们便不会在你回罗马时制造麻烦。

☑ **2. 激发部队忠诚度**
你的4支精良军团会暴动，并掠夺罗马南部地区。威胁他们不带他们参加非洲的战斗，他们会恳求重新归队。

☑ **3. 写下自己的历史**
你的英雄亚历山大大帝发现，被铭记的最好方法就是讲述自己经历的一切。一定要详细记述你经历的战争的细节。

☑ **4. 公元前44年3月15日那天在家待着**
作为一名在战斗前要占卜的将军，你最好留心一下妻子在3月15日做的噩梦。

☒ **5. 跨过亚得里亚海追捕庞培**
他的海岸封锁线会让你无法带足够的部队到底拉西乌姆（现代阿尔巴尼亚），你会在首次对阵中被击败。

☒ **6. 将克利奥帕特拉带到罗马**
将一位外国女王，也就是你的情妇安置在罗马乡村的别墅中，会使你在元老院中更加不受欢迎。

☒ **7. 放弃共和国**
将罗马从一个共和国转变为一个帝国，是一个巨大的政治转变，而掌权太快会树敌。

☒ **8. 赦免所有对手**
你的宽容政策令人钦佩。但是，让内战中的敌人留在元老院最终会证明你失策了，将酿成大祸。

待在何处
罗马

在高卢担任地方长官期间，你可以不理政事，但是5年任期已到。你如果不回罗马就不能参与选举，若是在选举前回来，就有被元老院旧敌袭击或逮捕的风险。解决的办法是带着第十三军团返回罗马。但是，元老院也明确禁止带兵进入罗马。因此，你一旦越过罗马边界的卢比孔河，就意味着发起了叛乱，罗马共和国会陷入内战。

谁是盟友

马克·安东尼

马克·安东尼是你征服高卢期间忠心耿耿的将军，还是一位资深的外交官。如果你能安排他当选为十大“保民官”之一，他将有权否决任何元老院对你不利的表决。安东尼是会调和的人，他会促成你和庞培之间的和解。如果内战爆发，安东尼的否决权将使你免于起诉。当你被任命为独裁官时，如果去围追庞培的军队，你可以让安东尼成为二号指挥官管理意大利。

额外提示：

在你被暗杀的前一天，马克·安东尼将提前获知。如果你能向他施压，告诉他要及时传递重要信息，不要等到第二天，你可能不会在庞培剧院被刺23次！

应该提防谁？

小加图

小加图是共和国的坚定捍卫者，坚决不会被收买。尽管他有钱，但用餐很节制，喝酒也只喝最便宜的葡萄酒。但这并不是因为吝啬，而是他决意如此。他可能是元老院最尽职的成员，并一再拒绝荣誉和晋升，他认为这是违法的。这样的话，他对你就非常危险了。三头同盟期间，他不断地阻挠你的议案。现在你正要夺取政权，他便公开反对。他的原则最终会让他走向毁灭。因为他宁愿自杀也不愿向你投降。

贿赂

罗马共和国是一个民主国家，但是赢得选举往往是需要向元老和大众直接行贿的。这也是在公元前63年成为大祭司的途径。

演讲

青年时期在罗得岛学习修辞学，使你成为一名有影响力的演说家。这使你受到民众欢迎，并在元老院产生巨大影响。

军事战术

你经常被描述为幸运的指挥官，但在战斗中始终拥有幸运的人一定是出色的战术家，这在旷野战和围攻战中均有体现。

△ 马克·安东尼在恺撒遗体旁进行葬礼演讲

警惕3月15日

Beware the Ides of March

**60个人决意一搏去拯救深爱的国家，
他们要谋杀领导人**

当你为国家状况担忧时会怎么做呢？当你认为领导者手握太多权力而国家每况愈下会怎么做呢？德西穆斯·尤尼乌斯·布鲁图斯·阿尔比努斯（Decimus Junius Brutus Albinus）原先一直在犹豫当中，公元前45年夏天，他决定要去完成该做的事情。他邀请姐夫马库斯·布鲁图斯加入后，事情开始按计划进行。他们的计划是什么？刺杀尤利乌斯·恺撒。

恺撒被刺了23次，但是只有第二次被证实是致命一击。

人们不喜欢恺撒的原因有很多。最重要的原因是元老，特别是保守派贵族中的元老，越来越担心恺撒会让他的家族统治王朝。当时城内有传言称他将立克利奥帕特拉为王后，立小恺撒为继承人，也有传言称恺撒会将一切移交给他的养子屋大维。这些谣言让大家想起了很久以前人们最痛恨的暴君形象。即使恺撒没成为国王，人们也从他身上看到了傲慢自大。他总是把稀疏的头发往前梳，再用月桂花冠掩饰自己的秃头。公元前44年2月，在一年一度的牧神节上，马克·安东尼要为恺撒敬献桂冠，这一举动能彰显恺撒的尊贵。恺撒拒绝了桂冠，许多人已经确信他已然是整个国家的主人了。西塞罗称之为罗马终章的开始。

恺撒与庞培在西班牙交战时的某些行为也受人诟病。这是一场血腥的暴力冲突，很多家庭中的父亲、兄弟和儿子都奔赴战场，这是一场有去无回的征战。恺撒穿着凯旋服装，戴着桂冠进入罗马。很多人认为这种装束太过刻意，根本没有必要，而且也是对失去亲人的家属的侮辱。他在元老院的举动也体现了他的傲慢。他所坐的宝座是金质的，上面装饰着只有古罗马国王才能使用的紫色标志。元老上前时，他经常不起身，这表明他对身份低于自己的人缺乏尊重。游行时，他的雕像甚至与众神雕像同行，恺撒本人对这种做法未置可否。

向来不喜欢恺撒的贵族派们对他的改革方案嗤之以鼻。恺撒开始向城中穷人发放粮食，缩短行政长官的任期并推行新历法，受贵族派拥戴的保守共和国受到了威胁。更重要的是，贵族派的声音和力量正在逐渐减弱。虽然有些参与者不一定仇恨恺撒的所作所为，但刺杀恺撒的计划一呼百应。他们谋划的事

刺杀恺撒

疯狂袭击

对恺撒的袭击十分疯狂，几名密谋者用匕首持续行刺重伤的恺撒时，甚至伤到了彼此。

刺杀武器

参与刺杀的密谋者选择用匕首作为刺杀武器，匕首很容易藏在宽袍之下偷偷带进元老院。

犯罪现场

刺杀地点选在庞培剧院。剧院内非元老不得入场，武器也不得带入，恺撒一人便成了众矢之的。

尝试逃跑

恺撒试图从刺杀者的围攻中脱身，但因为眼睛被鲜血蒙住摔倒在地，倒地后又继续被刺，毫无还手之力，最后被刺死。

每个刺杀者都不止一次刺向恺撒，他们成了背负罪恶的一个群体。

密谋者

根据 4 世纪历史学家、古罗马专家弗拉维乌斯 · 欧特罗皮乌斯（Flavius Eutropius）的说法，大约有 60 个人参与了刺杀，恺撒被刺了 23 次。

致命一击

作家苏埃托尼维斯后来证实，恺撒的 23 处刺伤中，第二下刺到了胸部，成为致命伤。

情确实是个棘手的难题。为了不被发现，密谋者在罗马附近秘密举行了小型会议。如果被发现，他们的姓名和他们深爱的共和国都将走向终结。共有约 60 人参与了计划，有 20 多人的名字为我们所知晓。有些人在策划刺杀时做了更多的工作，他们都有自己的理由希望恺撒死掉。除之前提到的外，知名的谋划者还包括曾在西班牙与恺撒并肩作战的盖乌斯·特雷博尼乌斯（Gaius Trebonius）、在克拉苏和庞培军队任海军指挥官的盖乌斯·卡西乌斯·朗吉努斯（Gaius Cassius Longinus），庞培麾下贪婪自大的将军马库斯·尤尼乌斯·布鲁图斯（Marcus Junius Brutus）——恺撒最爱的情妇塞薇利娅的儿子。实际上，布鲁图斯在公元前 48 年就背叛庞培阵营转而支持恺撒，为敌人提供情报。但是布鲁图斯在公元前 45 年与波尔西亚（Porcia）结婚后，再次转变了立场。波尔西亚的父亲加图在生前是恺撒的劲敌，她的家族势力庞大。布鲁图斯会怎么做呢？

密谋小组认定杀死恺撒是最好的行动方案，他们需要想清楚何时、何地及如何进行刺杀。做刺杀计划并不难，大多数密谋者都是军人，他们习惯于精准行动并能保密。出于对罗马前程的忧虑，他们早早分配好各自的行动内容。聘请杀手刺杀会显得太不近人情。这些反叛者在商议刺杀地点时产生了很大的争议。究竟是在公开场所还是在私密场所发动攻击呢？在恺撒观看角斗士比赛时，在他通过萨克拉圣道步行回家时，还是在他在阿庇亚大道上骑马的时候？这些方案都被探讨过，最终他们决定在庞培剧院动手。因为正式的元老院大厦正在修建，庞培剧院是

△ 恺撒一生中留下的能精准反映其形象的作品极少，没有一个作品能真正捕捉到他强大的个人魅力

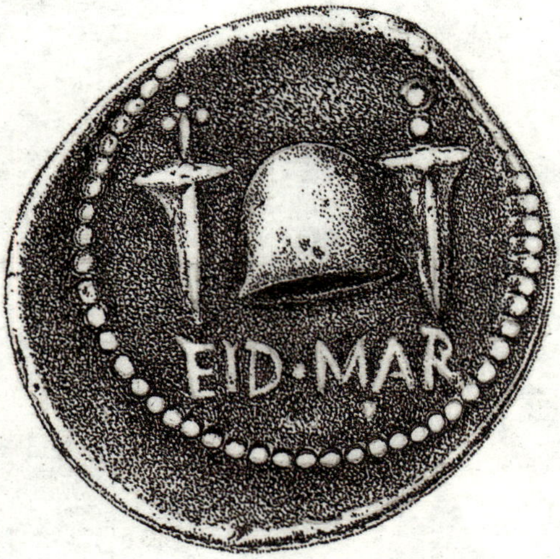

△ 密谋者于前 43—前 42 年发行的纪念刺杀恺撒硬币。硬币上有匕首和获得自由的奴隶所戴毡帽的图样。铭文显示“3 月 15 日”

△ 罗马匕首（杀死恺撒的标准军用匕首）

元老院临时场所。时间一天天过去，他们开始思考何时发动刺杀。最终，他们决定了在公元前 44 年 3 月 15 日行刺恺撒。这一天恺撒会去参加元老院会议，离他宣布的远征出发日期只有 4 天时间，发动战争可是他最擅长的事情。这次出征是要与达契亚人再次作战。因为恺撒在国外获得的影响力越来越大、声望日隆，所以密谋者在恺撒去世后必须获得其下属的支持。随着刺杀日期临近，密谋者收集了越来越多的情报，德西穆斯负责此事。恺撒从未意识到德西穆斯已经倒戈。这个叛徒向密谋者们报告了恺撒的想法以及他下一步将要做什么。德西穆斯还花时间组织了一群角斗士，他们稍后将扮演重要角色。

这场阴谋太过隐秘，以至于恺撒都不知道发生了什么。恺撒甚至在 3 月 14 日晚上与一个即将成为刺客的人共进晚餐。当恺撒被问到最温柔的死法是什么时，恺撒放松了警惕，以为自己身边是志同道合的好友。他毫不犹豫地回答："事先没有警告的那种。"

恺撒其实收到过一些警告。预言家已经告诉他提防 3 月 15 日。占卜者曾预言，罗马公民至高无上的统治者将在 3 月 15 日之前死亡，但恺撒似乎无视那些关乎他死亡的预兆，远不仅仅是预言者所说。

在回家的路上，恺撒的马凝望着卢比孔河河岸哭泣。那天晚上，他的妻子卡尔普尼亚从噩梦中哭醒。她梦到丈夫躺在她的臂弯里，血流不止，直至死去。早上，她恳求恺撒不要去元老院，其实她也不用担心，因为恺撒生病了，卧床不起。他是没有办法前往庞培剧院参加元老院会议的。

卡尔普尼亚没想到的是德西穆斯亲自到家里来接恺撒。见恺撒病倒，德西穆斯也不为所动，仍劝说恺撒至少去元老院露个面，哪怕只是宣布推迟会议。恺撒无奈地同意了。在去元老院的路上，恺撒遇到了曾预言过自己不幸的预言家。"你警告过我的那一天就是今天，而我还活着。"恺撒高兴地说道。占卜者答道："是的，就是今天，但今天还没有过去。"据说到达庞培剧院时，一只鸟衔着月桂树枝飞进了剧院，但后来被一只大鸟吃掉了。恺撒并没有注意到这些。相反，他看到马克·安东尼与特雷博尼乌斯正在促膝长谈。恺撒不知道特雷博尼乌斯在这场刺杀中的作用就是让最可能来帮忙的马克·安东尼一直忙着。德西穆斯还让他的角斗士们准备就绪，以备事态变化时及时反应。恺撒跨过门槛时，一个叫阿特米多鲁斯的人试图向恺撒手中塞个纸卷来警告他即将到来的危险，但恺撒没有理会，他不知道这个简单的举动会终结他的生命。他坐到金质座椅下。有些人就站在椅子后面，但他并不理会。

提留斯·辛布尔（T illius Cimber）是一名曾在恺撒军队中服役的士兵，他走向恺撒要递交请愿书。辛布尔走近时，恺撒一如既往地没有起身，但这已经不重要了。恺撒驳回了请愿书，辛布尔借此机会伸手拉开他的紫色长袍。那是个信号。元老们向恺撒扑过去，露出他们一直藏在长袍下面的匕首。速度至关重要，一共 140 名元老中只有 60 人参与了刺杀阴谋，其中还有 10 个保民官带着奴隶和秘书。

当普利乌斯·塞维利乌斯·加斯卡（Publius Servilius Casca）刺出第一下时，恺撒向辛布尔喊道：“为什么，这是暴力！”恺撒试图用手写笔刺向加斯卡来反击，恺撒的两个支持者卢修斯和盖乌斯试图冲过来帮忙，但受到了密谋者的阻拦。恺撒被这些他视为朋友和同僚的人总共刺了 23 次。

马库斯·布鲁图斯刺伤了恺撒的大腿根，恺撒大喊：“你也这样做吗，我的孩子？”恺撒陷入巨大的疼痛，大多数刺伤似乎都刺入了他的胸腔。他用长袍盖住了头，所以没人能看到他死时的表情。他摇晃着走了两步，最后在庞培的雕像下倒地而死。密谋者计划的第一部分已经完成，但后续部分也不简单。这些密谋者只计划了如何杀死恺撒，但没有人知道下一步该怎么做。那些痛恨恺撒的人想把他的尸体扔进台伯河作为了断，但马克·安东尼阻止了他们。恺撒在庞培雕像下倒地死去后，布鲁图斯冲出剧院跑到了卡比托利欧山（Capitoline Hill）上的朱庇特神庙。他在一个讲台前高兴地宣布恺撒之死，但民众的反应并未如他所愿。民众并没有为共和国的威胁消除感到高兴，神庙中尖叫声四起，然后迅速演变为骚乱。布鲁图斯尽力使人群平静下来，但无济于事。奴隶们用担架抬着独裁官的遗体穿过街道带他回家，恺撒的胳膊垂了下来。根据罗马历史学家苏埃托尼维斯的描述，人们泪流满面，罗马犹太人的哭声响彻罗马，毕竟恺撒曾经是他们的保护者。

> 恺撒
> 被杀后的
> 验尸报告
> 被认为是已知的
> 历史上最早的
> 验尸报告。

3 月 20 日，恺撒的葬礼队伍穿越罗马城，向恺撒家族坟墓旁边的战神广场走去，那里堆着火葬用的柴堆。失去领袖的罗马市民接过了遗体，并把它带到了罗马广场举行简单的火葬。恺撒的骨灰后来存在家族坟墓中。

密谋者曾希望以恺撒的死亡拯救共和国，让生活回到从前。他们没预料到的是公民对恺撒的热爱以及这座城市为变革做好的准备。共和国正在崩塌，密谋者的所作所为加快了崩塌的速度。马克·安东尼现在大权在握。他在 3 月 17 日与元老院达成一致，以继续保持恺撒的法律不变作为条件赦免密谋者。马

▽ 庞培曾是罗马最伟大的将军，后来尤利乌斯·恺撒的军事成就超越了他。妒忌让他们产生了分歧

克·安东尼与恺撒的养子屋大维之间剑拔弩张，内战一触即发。密谋者们期许的和平直到共和国崩塌之前都没实现。大多数密谋者都选择了逃亡。

也许杀死恺撒并不是密谋者的最佳选择。如果他们对刺杀带来的后果也做好计划的话，也许能更好地控制局势。密谋者以共和国之名采取行动，誓要保护他们所珍视的一切。他们又怎么会知道恰恰是这场刺杀直接导致了共和国的崩塌呢？

◁ 马库斯·尤尼乌斯·布鲁图斯是恺撒相处最久的情人塞薇利娅的儿子。恺撒对他很重视

▽ 《恺撒与克利奥帕特拉会面》。乔瓦尼·多梅尼科·蒂埃波罗于 1747 年绘制

谁参与了刺杀？

德西穆斯·布鲁图斯
前 85—前 43 年

他是尤利乌斯·恺撒的远亲，也是一名将军和政治家。在 3 月 15 日的刺杀行动中，他的任务是护送恺撒前往元老院大楼，避免恺撒与盟友马克·安东尼有任何接触。

提留斯·辛布尔
前 85—前 42 年

恺撒到达庞培剧院后，辛布尔向他请愿赦免自己流亡的兄弟。其他元老向恺撒聚集时，辛布尔抓住恺撒的肩膀以分散他的注意力。

盖乌斯·特雷博尼乌斯

前92—前43年

他曾经是恺撒信赖的伙伴，刺杀时负责在元老院外拦截马克·安东尼以防泄露计划，并拖住马克·安东尼跟他聊天。这些行动确保了刺杀顺利完成。

塞维利乌斯·加斯卡

前84—前42年

加斯卡和他的兄弟盖乌斯加入刺杀恺撒的计划之中。讽刺的是，盖乌斯是恺撒的密友。加斯卡在刺杀中刺出了第一刀，趁恺撒没注意时从背后发动了袭击。

马库斯·尤尼乌斯·布鲁图斯

前85—前42年

恺撒被任命为独裁官后，布鲁图斯对恺撒日渐扩大的权力感到惊恐，被密谋者们劝说加入刺杀恺撒计划。当恺撒意识到布鲁图斯也在背叛的袭击者之列时，他用长袍盖住了脸。

恺撒生命的最后几个小时

探寻恺撒遇刺背后的动机，以及在那天里到底发生了什么

刺杀发生之时

公元前 44 年，恺撒要远征帕提亚为克拉苏报仇，而且将离开数年。在他出发的 3 天前遭到刺杀。那一天是 3 月 15 日。

最高贵的罗马人

布鲁图斯是恺撒的情妇塞薇利娅和她第一任丈夫的儿子。尽管他没有什么成就，但在元老院中仍被视为前途大好。他是坚定的斯多葛派哲学的追随者，几近痴迷。恺撒曾说："布鲁图斯不管想要什么，总会过分急切。"布鲁图斯天真地认为，一旦独裁官死去，伟大的共和国就会恢复生机。

求权若渴

卡西乌斯娶了布鲁图斯的妹妹特提亚（Tertia）。有传言说特提亚与恺撒有染。

时间轴

恺撒解除安保措施
恺撒认为没有人敢袭击他，因此解散了他的西班牙保镖队伍。这一举动让密谋者能更有效地推进他们的刺杀阴谋。
公元前 45 年 10 月

OCTOBER 45 BCE

FEBRUARY 44 BCE

终身独裁官
恺撒被称为终身独裁官，这是一种近乎神圣的地位。他的自大激怒了身边人，尤其是元老院的亲密盟友。
公元前 44 年 2 月

FEBRUARY 44 BCE

牧神节
当马克·安东尼在广场上要为恺撒戴上月桂花冠时，恺撒将其推开，声称朱庇特是罗马人的国王，这一举动被很多人看到了。
公元前 44 年 2 月

卡西乌斯因在帕提亚一役后救出克拉苏军队的幸存者而名声大噪。据说恺撒对布鲁图斯的偏爱让他心生嫉妒。

自由

布鲁图斯和卡西乌斯在恺撒独裁统治下尽职尽责。但他们和同谋者认为，恺撒的存在让共和国无法正常运转。换句话说，他们如果刺杀成功，便可以在重建的共和国担任要职。

温顺的殉道者

恺撒经常被描绘成毫无抵抗地接受命运。事实上在他挨了第一刀时，转身大喊："该死的加斯卡，你在做什么？"然后，他抽出随身携带的长笔，用锋利的铁尖刺向加斯卡。恺撒身中 23 刀，包括布鲁图斯在内的几个密谋者都在混乱中被其他盟友不小心刺伤了。

"是你吗，布鲁图斯？"

虽然莎士比亚的戏剧版本与传记作者普鲁塔克的记载很接近，但这不太可能是恺撒的最后一句话。他似乎应该是看着布鲁图斯用希腊语说："Kai su，teknon？"（你也参与了吗，我的孩子？）这句话是表达了失望还是蔑视，我们就不得而知了。

他的朋友、罗马人和同胞

马克·安东尼与恺撒同为执政官，他说服刺杀者们同意为恺撒举行公开葬礼。我们不知道马克·安东尼在葬礼上说了些什么，但莎士比亚的版本让人感受到了罗马传统政治演说的精妙，结果就是开始清洗密谋者。布鲁图斯逃离了罗马，卡西乌斯和其他人开始组建军队，之后便像过去恺撒和庞培一样开始内战。

酝酿阴谋
密谋者为了防止被发现，在制订谋杀恺撒计划时分成小组来秘密见面。恺撒即将开启为期 3 年的远征，他们必须迅速采取行动。
公元前 44 年 3 月

MARCH 44 BCE

15 MARCH 44 BCE

20 MARCH 44 BCE

3 月 15 日
尽管恺撒的妻子卡尔普尼亚恳求他不要去元老院（她梦到了恺撒即将面临危险，甚至会死去），但恺撒没听卡尔普尼亚的话，还是去了元老院，最后惨遭暗杀。
公元前 44 年 3 月 15 日

葬礼队伍
恺撒本应在靠近其家族墓地的战神广场火葬台上火化，但他的遗体被当地人抢走带到其他广场，在一个更简单的火葬台上火化。
公元前 44 年 3 月 20 日

后三头同盟

The Second Triumvirate

为革命铺平道路的合法主张

三个人都在寻找报仇的机会。恺撒死后，马克·安东尼，马尔库斯·埃米利乌斯·雷必达和屋大维分别发誓要找到凶手并重整垮台的政府。将他们三人团结起来可不是简单的事情。屋大维和马克·安东尼向来意见不合。双方都认为自己是领袖之位的合法继承人，马克·安东尼甚至还剥夺了屋大维对继父财产的继承权，这让两人关系变得更糟。马

△ 马克·安东尼和屋大维在亚克兴战役中最后一次对峙

△ 马克·安东尼（前 82—前 30 年）

△ 西塞罗，后三头同盟的第一批牺牲者之一

克·安东尼掌权时，他将刺死恺撒的两个主犯——东部省份的长官布鲁图斯和卡西乌斯驱逐出境，但屋大维认为这个惩罚太宽容了。

公元前 43 年，屋大维向马克·安东尼宣战。双方在意大利北部的穆蒂纳（Mutina，今摩德纳）交战。屋大维获胜后，南下回到罗马要求担任执政官，这不禁让人想起他的养父恺撒的做法。就在那时，他决定停止与马克·安东尼的对抗，转而寻求合作。他们二人在波诺尼亚（Bononia，今博洛尼亚）附近会合，与恺撒被杀后跟马克·安东尼统一战线的雷必达一起，很快就达成了一致，组成了罗马后三头同盟。

然而，与前三头同盟不同，新同盟在法律上得到了元老院的认可。公元前 43 年 11 月，元老院赋予这三人执政官的权力（雷必达在公元前 42 年已经成为执政官），任期 5 年。这三个人可以不通过元老院的批准，根据他们自己的意愿批准新法律。他们还肩负追捕恺撒谋杀案背后主使（其中包括布鲁图斯和卡西乌斯）的任务。他们不会心慈手软，不久便发布了一项公共判决，判处 300 名元老和 2000 多名骑士死刑。

西塞罗就在死刑犯名单上，尽管今天有些历史学家认为，屋大维曾试图将他从名单上移除。但是，西塞罗认为马克·安东尼理应与恺撒一起被杀，因此他成了后三头同盟的第一批受害者之一。他在那不勒斯的别墅逃跑时被捕。因为西塞罗写过诋毁马克·安东尼的诗歌，先被斩断双手，然后被斩首。他的头被送回罗马，钉在广场的讲台上。下一个被处死的是德西穆斯，他还未能与布鲁图斯逃到马其顿，就在高卢被捕并杀死。

△ 布鲁图斯（如图）和卡西乌斯在被杀前一直被追到欧洲

△ 马克·安东尼在同盟破裂后也一直称自己为三巨头之一

之后，针对布鲁图斯、卡西乌斯和庞培儿子塞克斯特斯·庞培的行动开始了。公元前42年6月，布鲁图斯和卡西乌斯被屋大维和马克·安东尼杀死。在腓立比战役（Battle of Philippi）中，更多叛徒被杀死。塞克斯特斯·庞培逃到西西里岛，与三头同盟达成和平协议。

公元前41年，马克·安东尼在东部地区时，他的妻子富尔维娅（Fulvia）发动了一场叛乱，屋大维勉强将其压制。但是屋大维无法惩罚盟友的妻子，他让富尔维娅去投靠她的丈夫，富尔维娅死于途中。公元前40年9月，新法案起草完毕，共和国被三个执政人割裂开来。马克·安东尼与屋大维的姐姐屋大维亚结婚。塞克斯特斯在地中海地区滋事。他占据了西部地区的海洋控制权，也占领了中央海域。他向三头同盟要求担任西西里岛、科西嘉岛、撒丁岛和希腊的地方长官。公元前36年，三巨头打败了塞克斯特斯，三巨头变为双子星。根据公元前37年的新法律，雷必达被毫不客气地赶出三巨头阵营。权力顶端只剩下屋大维和马克·安东尼，这越来越像前三头同盟最后的命运。接下来的5年和平度过，公元前33年，后三头同盟未能延续，但马克·安东尼仍继续称自己为三位执政官之一。

屋大维成为执政官，他与同盟中另两人再次成为敌人。罗马共和国由此分裂。屋大维统治西罗马，马克·安东尼统治东罗马，并在那里遇到了克利奥帕特拉。屋大维利用马克·安东尼和克利奥帕特拉越来越炽热的关系，将他的前盟友描述成更忠于埃及而非罗马的样子。战争又要来了。

△ 屋大维利用马克·安东尼与克利奥帕特拉之间的不正当关系来反对马克·安东尼，并获得了元老院的支持

雷必达怎么了？

马克·安东尼和屋大维的后半生有很多记录可查，但关于雷必达的记录却少得多。马克·安东尼和屋大维两个人正在参战，雷必达却在公元前 36 年被屋大维剥夺了所有权力，流放到了奇尔切镇（Circei），也就是意大利现在的圣费利切奇尔切奥。奇尔切镇毗邻罗马，屋大维可以时刻关注雷必达的动向。虽然雷必达被逐出三头同盟，但他一直担任大祭司，直到公元前 13 年安详地去世。他可以每隔一段时间返回罗马办理元老院事务。据说屋大维总是贬低雷必达，说雷必达参与了暗杀屋大维的密谋。被盖乌斯·米西奈斯（Gaius Maecenas）发现后，小雷必达被处死，留他的父亲孤独终老。雷必达能安度晚年，也许是因为屋大维更喜欢被踢出三头同盟后的他吧。

△ 后三头同盟成员雷必达死于流亡途中

△《马克·安东尼和克利奥帕特拉在埃及剧院》，亚历克西斯·凡·艾默绘

恺撒的继承者

The art of succeeding Caesar

马克·安东尼是恺撒最忠诚的拥护者，但在公元前 44 年的血腥事件之后，他能否继续推进恺撒的遗志并扫清自己政治生涯中的障碍呢？

马克·安东尼在加利西亚战争期间已成为尤利乌斯·恺撒亲密又可靠的盟友。但有时恺撒不太认同马克·安东尼对美好生活的热爱和取悦他人的做法。正如普鲁塔克写道："他爱吹牛，喜欢开玩笑，爱当众饮酒，普通士兵可以到他的餐桌上拿吃的，他是军队快乐的源泉。"恺撒对这种行为相当不满。事实上，马克·安东尼一生爱奢侈享受的说法都是从他敌人那里流出的，这其中也包括屋大维。尽管如此，马克·安东尼在高卢期间仍是一位忠诚而有成就的军事指挥官，在关键的交锋中发挥了重要作用，比如在维钦托利高卢叛乱中围攻阿莱西亚一役，恺撒对此深表感激。恺撒在罗马政治精英中公开支持马克·安东尼。在恺撒和庞培关系恶化时，马克·安东尼亦是恺撒的忠实拥护者。当恺撒和庞培爆发内战时，马克·安东尼再次展示了他优秀的军事才能。公元前 48 年，他率领部队在法萨卢斯战役中击败庞培。普鲁塔克说："除了恺撒之外，马克·安东尼永远是军营中最受关注的人。"

有时，马克·安东尼会因缺乏政治智慧而激怒恺撒。在恺撒忙于内战时，马克·安东尼留在意大利负责当地事务，在这期间暴露出他的政治能力不足。公元前 44 年在恺撒去世之时，两人俨然是最紧密的知己。马克·安东尼既要追查刺杀恺撒的元凶，又要继续推进恺撒的遗志。在恺撒被暗杀后的几天里，马克·安东尼担心自己会成为众矢之的，便穿着奴隶的衣服并打算逃脱。这些担忧被消除之后，他又很快回到了公众视野中。在恺撒的葬礼上，安东尼发表了铿锵有力的演说，他展示的恺撒沾满鲜血的衣服刺激民众发起了暴动。"他看到人们被他的演讲震动了，他内心的哀伤和愤怒交织在一起。演讲结束时，他举起恺撒遇刺时的衣服，上面血淋淋的，满是刺痕。"

毫无疑问，政治氛围变得波谲云诡。安东尼在将自己塑造成恺撒伟大成就的传承者，赢得了恺撒遗孀卡尔普尼亚的支持。但是，他还有一个主要对手，就是恺撒的养子屋大维。这两个人的权力斗争给罗马历史接下来的几

"在恺撒被暗杀之后的几天，安东尼十分害怕，担心自己会成为暗杀目标"

◁ 这幅画的原名是“艺术是我内心的武器”

十年蒙上了阴影。在此阶段，安东尼还没得到大众的认可，人们怀疑他有独裁倾向。屋大维挑起了一场舆论战，导致安东尼被视为人民公敌，安东尼只好前往较为安全的山南高卢地区。随后两人发动了战争，安东尼在公元前43年的穆蒂纳战役中被击败，但是安东尼和屋大维之间仍有机会达成和解。

屋大维和安东尼都认识到，他们共同的敌人是刺杀恺撒的阴谋者们。于是他们与马库斯·埃米利乌斯·雷必达一起，于公元前43年11月建立后三头同盟并划分了各自的势力范围。安东尼的主要关注点在东部地区。屋大维和安东尼一边发动对罗马政治精英的全面清洗，一边还把注意力转向了在地中海东部建立据点的布鲁图斯和卡西乌斯。公元前42年，屋大维和安东尼在腓立比战役中大胜。这次战争中有5万人丧生，布鲁图斯被迫自杀。

公元前41年，安东尼抵达埃及，在这里开启了辉煌职业生涯中最灿烂的篇章。克利奥帕特拉起初拒绝了安东尼的召见，但终于还是让安东尼进入了塔尔苏斯城。安东尼也许制订了惩罚克利奥帕特拉的计划，但他旋

“安东尼也许制订了惩罚克利奥帕特拉的计划，但他旋即为其倾倒”

即为其倾倒。普鲁塔克这样描述克利奥帕特拉：“她在一条镀金驳船上畅游赛德努斯河，船帆是紫色的，银桨的划船声和着笛子的节奏。她像画中的维纳斯女神一样，斜倚在金光闪闪的华盖下，男孩则站在两侧为她扇风。最标致的女侍者衣着就像海仙女涅瑞伊得斯和美惠三女神，站在船两侧。河道两岸弥漫着无数香氛带来的异香。”

这确实是让人赏心悦目的一幕，但在普鲁塔克笔下却是致命痴情的开端。他写道：“安东尼对克利奥帕特拉的爱萌发了，这种爱是万恶之源，点燃了他内心埋藏着的激情，驱散并摧毁了能让他抗拒诱惑的美好的、克制的品质。”这是当时安东尼罗马同僚们的共同感受。

安东尼虽然已与富尔维娅结婚，但马上与克利奥帕特拉开始了恋情，并迅速生了两个孩子——亚历山大·赫利俄斯和克利奥帕特拉·塞勒涅。4年后，第三个孩子托勒密·费拉德尔甫斯出生。毋庸置疑，富尔维娅从一开始就对周游在外的丈夫的所作所为感到失望，她一直推动安东尼在罗马的事业的发展，也许是希望吸引他从埃及回家。富尔维娅本身也是一位受人尊敬的政治家，她对屋大维的许多政策进行了猛烈的批评，这些做法引发了军事冲突。安东尼对此毫不理会，拒绝干涉。尽管安东尼和屋大维对他们共同的（通常是各自的）政治利益时刻保持警觉，但二人之间的冲突似乎仍然一触即发。富尔维娅的死使争端平息下来，两个男人达成了和解。安东尼娶了屋大维的姐姐屋大维亚，再次确认了他们的契约。

反对声浪

恺撒死后的几年中，安东尼和他竞争对手的关系继续恶化。伟大的演说家西塞罗举行了14场针对安东尼的抨击演说，对他进行了严厉的指责。西塞罗对安东尼的各个方面都进行了抨击。安东尼和他的支持者起初傲慢地认为西塞罗要诋毁恺撒的丰功伟绩。在演讲中，安东尼被塑造成了野心勃勃的人民公敌，堪比罗马历史上最坏的叛徒和阴谋家，而布鲁图斯等人则是共和国真正的拥护者。西塞罗对安东尼的厌恶众所周知。虽然西塞罗在恺撒遇刺中没有直接参与，但大家都知道他对刺杀者报以同情。西塞罗作为一位有影响力又受人敬重的智者，他的演讲使公众对安东尼的仇恨更深。但成功只是暂时的。随后安东尼在清洗劲敌时将西塞罗斩首，并应安东尼要求切断其双手。西塞罗的头和手都被放在罗马广场上示众。

▷ 马库斯·图利乌斯·西塞罗因发表反对安东尼的演说，在政治演说史上一举成名

△ 《安东尼和克利奥帕特拉》，杰拉德·德·莱雷西绘，存于巴甫洛夫斯克宫中的露天博物馆

安东尼在这些年里除了忙于与克利奥帕特拉的恋情，还要处理东方的各种事务。他在雅典和以弗所等地，巧妙地用政治博弈手段，通过支持或削弱罗马从属国领袖的实力来维护联盟稳定。安东尼也插手军事和外交事务，他试图与庞培的儿子塞克斯特斯达成共识。塞克斯特斯一直盘踞西西里岛威胁罗马，并要帮助希律在犹地亚建立政权。帕提亚的奥罗德斯二世率先入侵叙利亚然后再向幼发拉底河入侵。安东尼对于这样的入侵本不该妥协，但最终结果却喜忧参半，有短暂的胜利，也有屈辱的撤退。

埃及一直是安东尼关注的焦点，但罗马对克利奥帕特拉的存在很担忧。一直有传言说安东尼密谋要成为罗马的唯一统治者，当他给自己和克利奥帕特拉的孩子们分封领土时，罗马开始恐慌起来。安东尼在庆祝亚美尼亚的重大胜利时，没有按照惯例前往意大利，而是与克利奥帕特拉一起在亚历山大举行了庆祝活动，这让罗马再度陷入恐慌。

最让人感到恐慌的是，有消息称安东尼支持小恺撒，即恺撒与克利奥帕特拉的孩子，成为他父亲遗产的真正继承人。屋大维震惊之余向克利奥帕特拉宣战。公元前 31 年，由阿格里帕领导的屋大维部队在亚克兴战役中获胜。随后虽然仍有小型战役，但屋大维锁定了胜局。公元前 27 年，安东尼和克利奥帕特拉自杀身亡。无人能敌的屋大维成为罗马帝国的第一位皇帝。

人们对安东尼的评价总是很苛刻。普鲁塔克认为，这个人贪图享乐、个性单纯，洞察力欠敏锐，一生无拘无束，喜欢自吹自擂。这看起来也许有些道理，普鲁塔克其实也很欣赏安东尼的天赋。他是一个慷慨的伙伴，并且“他以极佳的口才统领军队的能力，同时代无人能及”。我们不要忘记，他也曾在随之而来的许多战役中苦苦挣扎。有时看来，政治斗争更难取胜吧。

安东尼和克利奥帕特拉之间的恋情持续了很久，但是一些历史学家认为两人最初相遇是在安东尼参加东部地区战争时。克利奥帕特拉的父亲和恺撒的代表曾在以弗所召开会议，二人可能在那时见面，克利奥帕特拉当时只有 14 岁。

△ 托勒密十二世，埃及统治者、克利奥帕特拉的父亲

△ 关于厄琉息斯秘仪的画作

安东尼在地中海东部时对当地文化非常感兴趣。他对宗教习俗尤其感兴趣，痴迷于与宗教有关的一切，从阿波罗神庙到祭拜谷物女神得墨忒耳及其女儿珀耳塞福涅的神秘的厄琉息斯秘仪。对于一个受到当地一些人欢迎的新酒神来说，这个爱好颇合时宜。

安东尼和 3 任妻子共有 7 个孩子。安东尼自杀后，长子安提鲁斯被处死，屋大维亚担负起安东尼所有孩子的监护责任。安东尼的后代将在罗马历史上扮演重要角色。普鲁塔克毫不客气地描述尼禄："他是安东尼的第五个孩子。他杀死了母亲，以他的愚蠢和疯狂几乎颠覆了整个罗马帝国。"普鲁塔克可能在暗示招来混乱的天性是基因注定的。

△ 尼禄皇帝，安东尼不受欢迎的后代之一

◁ 马龙·白兰度，在银幕上扮演安东尼的众多演员之一

安东尼的一生为艺术家和作家提供了丰富的剧作题材。莎士比亚的两部戏剧，《尤利乌斯·恺撒》和《安东尼和克利奥帕特拉》，其中大量内容为观众树立起安东尼丰富的人物形象。但在电影版本中，演员的表演有时会引起争议。影评家至今仍然对 1953 年马龙·白兰度参演的经典作品褒贬不一。希德·詹姆斯在电影《艳后嬉春》中也扮演过安东尼。

△ 大祭司奥古斯都，身着祭司长袍

有其父必有其子？

Like father, like son?

**屋大维将成为罗马帝国的第一个皇帝，
登基之路将充满挑战**

罗马帝国的第一任皇帝成长于罗马内战期间。公元前63年，屋大维出生在一个默默无闻的贵族家庭，唯一的一丝优势就是他与恺撒有亲戚关系。他的母亲阿提娅是恺撒的外甥女。屋大维是由外祖母，也就是恺撒的姐姐小茱利亚抚养大的。

公元前47年，屋大维和恺撒第一次相遇。那时，16岁的屋大维是一名身着长袍的成年男子了。作为家族一员，他承担了一部分家族责任，其中便有帮他的舅外祖父恺撒出征西班牙。屋大维在去途中遭遇了迷路、沉船等险境，不得不穿过敌人的领地前往西班牙。

作为家族一员，他承担了一部分家族责任，其中便有帮他的舅外祖父恺撒出征西班牙。

恺撒对屋大维的坚毅精神留下了深刻印象，选定屋大维为自己的政治继任者和财产继承人。在此过程中，他还收屋大维为养子。恺撒的名号意味着国家威严和军事力量，屋大维不想浪费这些优势。恺撒在公元前44年去世前一直忙于内战，因此这两个人在一起的时间并不多。

公元前44年，当屋大维听到恺撒被谋杀的消息时，一切都发生了变化。那时他正在伊利里库姆，准备与恺撒一起攻打帕提亚。因为他是恺撒的继承人，家人都希望他能躲起来。屋大维暴怒而起，他前往意大利南部的布林迪西，那里有大批部队在等待他。

从这一刻起，屋大维开始使用恺撒这个名字，这简直是宣布他地位合法性的最好方法了。他从无名之地走到舞台中央，许多部队都加入了他的阵营。在他即将抵达罗马时，部队人数逐渐增加。他带领军队在城门外要求担任执政官，这也是恺撒曾经担任的职务。马克·安东尼此时掌控着首都，他对年轻的屋大维毫不在意。实际上，安东尼曾经阻挠过屋大维的领养公证手续，也阻止他参加竞选。

经过数月，屋大维营造的局势越来越紧张。他贿赂马克·安东尼的两个军团加入了他的阵营，并准备向马克·安东尼曾围剿德西穆斯·布鲁图斯的穆蒂纳城进发。公元前43年4月21日，屋大维和希蒂乌斯袭击了安东尼。屋大维在这一役中表现出了卓越的军事才能，在伙伴希蒂乌斯被杀后，及时出击战胜了马克·安东尼，迫使敌人逃过了阿尔卑斯山。屋大维像他的养父一样一战成名，成为罗马政治的关键人物。

公元前 42 年 1 月 1 日，屋大维·奥古斯都将恺撒奉为神灵，这在元老院开了先河。恺撒死后，一颗彗星从天空划过，它立即被命名为“恺撒彗星”。对于信天命的人来说，它可不仅仅是一个天体。屋大维宣

关于奥古斯都

被放逐的家庭

当发现自己唯一的孩子茱利亚与已婚男人有染，其中还包括马克·安东尼的儿子时，奥古斯都将她流放到文托泰内，从此再未见过面。

罗马妻子

奥古斯都的第三任妻子利薇娅，是罗马女性和妻子的典型代表。然而，利薇娅打算让她另一段婚姻的儿子在奥古斯都之后掌权。如其所愿，提比略从公元 14 年开始掌权。

著名遗言

据说奥古斯都临终前的遗言是：“我接过黏土做的罗马城，却留下大理石铸就的罗马城。”他死后，妻子转述他的遗言是：“我是否把我的角色扮演得恰如其分？是的话，请在我退场时响起掌声。”

奥古斯都陵墓

奥古斯都在公元前 28 年建造了自己的坟墓。阿格里帕、小屋大维亚、利薇娅、提比略、卡利古拉、克劳狄和涅尔瓦也葬在此处。

布，这颗彗星是他的养父即将加入众神行列的迹象。不到两年，元老院就认可了这一说法。屋大维现在可以称自己是神的儿子，这简直是最好的政治工具。然而屋大维的愤怒并没有消失。与之前的政敌安东尼和朋友雷必达组成后三头同盟时，屋大维的主要目标就是找到并杀死刺杀恺撒的阴谋者。他们也确实这样做了。他们离开罗马，追到腓立比和西西里等地讨伐仇人。但好景不长，马克·安东尼和屋大维还是发生了分歧，另一场内战迫在眉睫。马克·安东尼待在埃及，公然对他的新婚妻子，也就是屋大维的姐姐避而不见。屋大维利用了这一点来做文章。如果安东尼与克利奥帕特拉在埃及一起住了这么久，那是不是意味着他想推翻屋大维？很多人认为，马克·安东尼对克利奥帕特拉已经迷恋至极，他想打败屋大维并移居到埃及首都亚历山大。更糟糕的是，马克·安东尼承认恺撒和克利奥帕特拉的儿子小恺撒为“王中之王”，承认克利奥帕特拉为“诸王的女王”，东罗马帝国从此开始分裂。

为了抵制马克·安东尼的异端举动，屋大维在公元前 33 年提拔了他的得力助手阿格里帕做公共事务行政管理，并开始重建内战期间被大众忽视的公共设施。他们修复了下水道系统和供水系统，同时建造了新建筑，街道面貌焕然一新。屋大维的计划成功了，他成功地将自己塑造成一个像曾经关心罗马的恺撒一样的人。

马克·安东尼宣布与屋大维亚离婚后，屋大维让元老院向克利奥帕特拉宣战，罗马的最后一战开始了。在公元前 31 年的亚克兴战役中，阿格里帕指挥的屋大维舰队封住了埃及军舰，此时的阿格里帕已经成长为一名优秀的军事指挥官。克利奥帕特拉和马克·安东尼逃回埃及，双双自杀。其余的埃及部队立即变节归顺罗马。屋大维已经是罗马无可争议的统治者，他下令杀死了小恺撒和马克·安东尼的长子安特鲁斯，并于公元前 30 年将埃及归为罗马的一个省。小恺撒据说是被勒死的。屋大维曾跟他说过：“两个恺撒太多了。” 现在屋大维的政治地位已然稳固，

△ 位于普拉的奥古斯都神庙在第二次世界大战中被盟军炸毁，又于 1947 年重建

新的神灵

恺撒与屋大维之间的一个非常相似的地方是他们死后都被奉为神灵。当然，屋大维是使恺撒神化的推手之一，他在公元前 42 年建造了尤利乌斯神庙。该神庙于公元前 29 年 8 月 18 日亚克兴之战大胜后献给恺撒。屋大维被视为神的儿子，整个帝国开始了对神灵的崇拜。

奥古斯都死后成了神。奥古斯都神庙始建于公元前 37 年，并于公元 2 世纪进行了修复。罗马全境绝大多数向奥古斯都献祭的神庙都是在他死后修建的，只有这一处在他生前修建。这座神庙坐落在普拉，即现代克罗地亚的奥古斯都神庙，是在奥古斯都去世之前的公元 14 年完成修建的。

当奥古斯都的遗体火葬之时，一只老鹰被放出，猛地冲向天空。一名元老随后宣称他看到皇帝的灵魂以同样的方式升入了天堂。葬礼过后一个星期，奥古斯都被确认将成为受人崇拜的神灵，他的妻子利薇娅被任命为祭司。

△ 阿格里帕是奥古斯都的得力助手，他是几次大胜的指挥官，比如亚克兴之战

△ “第一门的奥古斯都像”，这是在奥古斯都死后创作的融合了神话与现实元素的雕像

△ 恺撒写了很多书来宣扬自己，而奥古斯都却由其他人为他立传。《埃涅阿斯纪》记述了英雄埃涅阿斯逃离特洛伊的情景

是时候赋予罗马新的生机了。大家都知道旧的行政体系已经老朽不堪。

公元前 29 年 8 月，屋大维从东部大胜归来，在民众的欢呼声中穿过罗马的街道。他还在意大利各省安置了许多退伍军人，那里几乎没有任何反对的声音。他现在的困扰跟他的养父当年如出一辙，恺撒当年需要安置庞培的老兵，但主要麻烦都是来自元老院。

公元前 29 年，屋大维拒绝执政，这让元老院大为震惊。当然，这主要是做做样子。元老院恳求屋大维出任，他也摆出一副勉强接受的样子。屋大维虽然有元老院的支持，但他从养父的错误中吸取了教训，他需要让元老院满意。

与恺撒不一样的是，屋大维在整个执政生涯中还是做到了这一点。公元前 27 年，元老院授予他“奥古斯都”的称号，然后他开始改称奥古斯都。奥古斯都的权力范围逐年扩大，他却不像前任一样紧握大权。公元前 23 年，奥古斯都被赋予了召集元老院的权力。第二年，他被任命为罗马粮食供应监察官。元老院对他的独裁统治也赋予了更多权力。

公元前 13 年雷必达去世后，奥古斯都担任大祭司，这也是恺撒曾经引以为傲的神职。神的孩子现在担任最高神职，接下来成为皇帝似乎是顺理成章的事情。前车之鉴就是，称帝就会引起动乱。屋大维想要推进的是共和国的复兴。公元前 2 年，奥古斯都还被授予“国父”的称号。在奥古斯都的统治中，无疑可以看到恺撒的影响。两人都想重建罗马，使之成为拥有图书馆、剧院和神庙的更伟大的国家。最重要的一点，两人都想为罗马开疆拓土。如果恺撒在世的话，他能实现这个目标吗？

恺撒和屋大维最喜欢的一件事就是搞舆论宣传。恺撒亲自写下了他的战役纪实，奥古斯都则把伟绩，即“奥古斯都神的功业”都刻在了青铜柱上。在这根巨大的柱子上刻着他的生平和统治成就，铭文的标题彰显了屋大维神一般的伟业。关于恺撒彗星的说法

△ 直到公元 14 年的屋大维统治期间，长达一个世纪的罗马内乱走向终结。罗马迎来了和平繁荣时期，帝国统治权力也达到了新高度

也开始发挥作用，奥古斯都铸造的一些钱币背面便有彗星标志。奥古斯都反复强调的一件事情就是，他是神圣的尤利乌斯的后代。恺撒的情况与奥古斯都大不相同，我们很难量化恺撒到底完成了多少伟业。但我们至少可以参考奥古斯都的寿命，判断他完成了该做的事情。屋大维借助恺撒的名声和神化的身份帮助自己急速登顶。我们没法知道，如果没有恺撒，还会不会有奥古斯都。如果没有奥古斯都，罗马又会怎样？

△ 恺撒一直是艺术家、电影制片人和作家的灵感来源。约瑟夫·考特于 1827 年绘制的《恺撒之死》。

人与神话

The man and the myth

当恺撒的刺杀者们从匕首上擦去鲜血时，他们想象不到自己会以什么样的罪名留存在历史长河中

古代罗马历史学家苏埃托尼维斯在他的《罗马十二帝王传》中写道：“恺撒的刺客鲜有事后幸存3年以上或善终者。”例如主谋布鲁图斯和盖乌斯·卡西乌斯，都自杀身亡，而其他一些人，例如德西穆斯·布鲁图斯，则在被捕后被效忠于恺撒的士兵处决。

他们完成刺杀后，大脑似乎陷入了空白。他们甚至没有任何应对计划，能应对恺撒死亡消息传出后引起的暴动。布鲁图斯与很多刺杀的参与者都认为，元老院的其余成员会对他们的行动给予赞赏，然后向公众发布这个大好消息。但是这些元老知道，民众将恺撒视为偶像。

未参与刺杀的元老迅速离开了元老院。据说，这些人的离开让刺杀者们感到恐慌。有些历史学家说：“以布鲁图斯为首的刺杀恺撒的元凶，纷纷走上街头向罗马市民解释他们的所作所为和原因。”这些刺杀者内部也产生了分歧，他们的分裂加剧了他们的垮台。一部分人自称是“解放者”，他们主张只完成刺杀恺撒，无须再继续刺杀马克·安东尼。事实上马克·安东尼已经装扮成奴隶，悄悄溜出了罗马。

密谋者决定让马克·安东尼活下来，给恺撒的支持者一个可以依赖的人，也是自己日后有报应时可以求助的对象。根据苏埃托尼维斯的说法，“密谋者打算在杀死恺撒后，马上把尸体拖到台伯河中”。但是他们却让恺撒的3个奴隶将主人血淋淋的尸体带回了住所，交给了恺撒伤心欲绝的妻子和家人。密谋者原本打算没收恺撒的全部财产，但元老院的撤离使他们感到不安。

> 密谋者决定让马克·安东尼活下来，他们给恺撒的支持者一个可以依赖的人，也是自己日后有报应时可以求助的对象。

如果他们行动迅速一些，政变可能会成功，但正是他们的优柔寡断将主动权交给了马克·安东尼和他的追随者。

恺撒的岳父卢修斯·皮索马上从维斯塔神庙找回了恺撒的遗嘱。从后来的情况看，这是至关重要的一步。如果密谋者先拿到了遗嘱，他们便可以销毁遗嘱并按照自己的意愿行事。

密谋者后来最失算的一步就是让安东尼在恺撒的葬礼上致悼词。卡西乌斯认为这样做很不明智，但是布鲁图斯也许是想弥补杀害他导师的罪恶，他说人民需要这个机会来缅怀曾经的领袖。

3 月 16 日，也就是恺撒遇害的第二天，元老院的元老们神经放松下来，他们聚集在一起商讨下一步行动。安东尼于这一天返回罗马，他已不再伪装成奴隶，而是穿着将军制服去恺撒家中默哀。

△ 让·莱昂·热罗姆于 1872 年创作的这幅画，定格了我们今天对罗马角斗士们的印象

罗马角斗士的魅力

恺撒逝世 120 多年后的公元 80 年，罗马竞技场建成，它现在是世界上最著名的古迹之一。建成这个竞技场要归功于恺撒的远见卓识。

早在恺撒执政前，角斗就是罗马人的娱乐项目。最早的一份比赛记录来自公元前 264 年。角斗早先被称为“葬礼游戏”，因为是为了纪念某位重要人物的逝世而举办的，这种特殊的搏斗只需要 3 组角斗士参加。在接下来的两个多世纪里，对抗的形式变得越发复杂，但正是恺撒抓住了角斗的魅力所在，并凭借这种比赛的魅力让自己在罗马民众中大受欢迎。公元前 65 年，恺撒为了纪念去世 20 年的父亲举行了最为盛大的一场角斗表演，其真实的想法是借此机会赢得了更多罗马公民的支持。表演那天，大量罗马民众涌向竞技场观看罪犯与野兽的对决。

恺撒死后，后来的皇帝沿用这种角斗传统来提高自己在人民中的地位。战车竞赛及伴其而生的广告宣传都是创新之举，街道墙壁会被画上精美的画作来宣传比赛。8 万人被这种宣传手段所吸引，来到罗马竞技场观看比赛。

恺撒的另一个忠实的追随者雷必达告诉安东尼，他已准备好 6000 名士兵一起镇压密谋者，安东尼告诉他不要参与其中。安东尼不想发动内战，而且脑海中已经形成了自己的计划。

罗马历史学家苏埃托尼维斯写道，安东尼在他家打开了恺撒的遗嘱。遗嘱是在前一年 9 月写的，并且按照罗马的习俗被存放在维斯塔神庙。苏埃托尼维斯这样写道，恺撒在遗嘱中“列出了 3 名继承人，即恺撒姐妹的孙子们；屋大维（其后的奥古斯都皇帝）将继承他 3/4 的财产，卢修斯·皮纳里乌斯和昆图斯·佩迪乌斯分享剩下的 1/4。在遗嘱中，恺撒将养子屋大维收入了自己的家族……在最后部分，还提到了列于第二顺位继承人的德西穆斯·布鲁图斯。恺撒将他在台伯河附近的花园遗赠给罗马人，每位罗马公民还可以分到 300 塞斯特斯”。

与此同时，元老院的辩论也十分激烈。雷必达宣称，参与暗杀的刺客绝不能逍遥法外，但西塞罗和安东尼都表示罗马不能再掀起内战了。元老院意识到雷必达对复仇的渴望会造成威胁，因此明确表示会继续沿用恺撒时期的所有法律，向恺撒的士兵发放金钱和财产以表彰他们的贡献。为了兑现恺撒对士兵的诺言，元老院将迦太基和科林斯等地的土地分配给士兵，这样便将雷必达军队的叛乱情绪扼制住了。

恺撒出其不意地将 18 岁的甥外孙屋大维列为第一继承人，这让刺客相信他们已经熬过了危机。元老院为了不激起民愤，认为将刺杀恺撒的凶手撤离罗马为佳。布鲁图斯被任命为克里特行省总督，卡西乌斯得到了阿

△ 恺撒通过让大众娱乐的方式提高了他在人民中的受欢迎度，苏萨的圆形剧场就是这样的娱乐场所

非利加行省，阿尔比努斯被派往山南高卢。

元老院没算计好的是狡猾的马克·安东尼。恺撒指定屋大维为继承人，这让安东尼感到惊讶和沮丧，他开始利用屋大维的天真做文章。据古罗马历史学家卡西乌斯·狄奥（155—235）称，安东尼一旦拿到恺撒的遗嘱，会进行多处删改，加入新法律和其他事项。

安东尼的当务之急是从元老院和刺客手中夺走权力，他在3月18日的恺撒葬礼上演了一场精彩的演出。首先，他向恺撒致敬，然后告诉人们，他们深深怀念的领袖已经将他在台伯河附近的花园赠予罗马人民，并且会给每人300塞斯特斯作为礼物。罗马人的欢呼声震耳欲聋：“恺撒万岁！”

然后安东尼说道，今天我们聚集在这里是因为我们敬爱的领袖被他信任的怯懦之人冷酷地谋杀了。卡西乌斯·狄奥描述下的安东尼是这样哀悼的：“恺撒，您的人性有什

△ 后三头同盟深入讨论恺撒去世后的下一个行动计划

△ 公元前41年，也就是恺撒逝世3年后，马克·安东尼和屋大维的头像出现在钱币上。当年刺杀恺撒的大多数人已经死了

△ 恺撒一直是艺术家的灵感之源，这本 1849 的书描绘了他葬礼的情况

么用，您的神圣有什么用，法律又有什么用呢？不，尽管您制定了法律，让人们不会被敌人杀害，但是您自己却死于朋友们残忍的谋杀！现在，您是暗杀的受害者，您所在的罗马广场本是您带着胜利加冕的地方。您受伤致死之处本是您经常为大家演讲的地方。伤心啊，您那沾满鲜血的斑白头发！心碎啊，您那撕裂的长袍！您似乎说过，您会在那件袍子里被杀死。”

安东尼随即举起了恺撒生前最后那件满是血迹和刀痕的长袍，这一景象对许多罗马人来说实在难以承受。根据苏埃托尼维斯的说法，“民众从葬礼离开后，拿着火炬跑到了布鲁图斯和卡西乌斯的房子外，很难被驱散”。暴民想要让他们血债血偿，却没有抓住机会杀死他们，便将目光投向了恺撒的另一个敌人科尼利厄斯·辛纳。但是，他们找错了人。他们杀死的是赫尔维乌斯·辛纳，而不是科尼利厄斯·辛纳。但愤怒的罗马市民还是割下了赫尔维乌斯的头，并拿着它在街头游行。

这场竞争中的幸运之神会帮助屋大维建立权威，对安东尼造成致命打击。

密谋者意识到自己的生命正处于危险之中，于是逃离了罗马，马克·安东尼便处于优势位置。他战胜了敌人，在民众眼中树立起了恺撒忠实能干的继任者的形象。

◁ 这幅1802年的画作描绘了莎士比亚的戏剧《尤利乌斯·恺撒》中的一幕，其中布鲁图斯看到了被他杀害者的魂灵

恺撒的家人将恺撒安葬在家族墓穴中，并筑起了一座祭坛，几周后，正在读书的屋大维从阿波罗尼亚赶来，他在那里深思熟虑过要拿到自己的那份遗产。据说屋大维和安东尼关系紧张。安东尼虽然为人彬彬有礼，但对恺撒选出的继承人很蔑视。

狡猾的屋大维为了提高自己在人民中的地位，宣布7月将举行一场豪华的葬礼向恺撒致敬。这是一个明智的举动。这场竞争中的幸运之神会帮助屋大维建立权威，破坏安东尼想要继任恺撒的野心。苏埃托尼维斯描述道：“一颗彗星总共燃烧7天，总是在

11点左右升起。那应该是恺撒的灵魂，现在已经进入了天堂。”这颗彗星被天文历史学家描述为有史以来最亮的彗星之一。屋大维抓住这个机会证明众神都敬重恺撒。在这种情况下，罗马人民也必须尊重恺撒选择的继任者。

恺撒在公元前61年与第二任妻子庞培亚离婚，并在两年后与卡尔普尼亚结婚。恺撒遇刺时正处于第三段婚姻中，卡尔普尼亚同意将丈夫的所有书信托付给马克·安东尼。因为她和恺撒没有孩子，因此她不会对罗马的政治前途产生任何影响。

△ 意大利法西斯独裁者贝尼托·墨索里尼在1937年发行恺撒的纪念邮票来宣扬恺撒的传奇事迹

恺撒去世后的几年中，他依然受到他的人民的推崇。恺撒的慷慨让人们继续忠于他，恺撒生前为人民带来的欢乐也让大家继续怀念他。他为装点罗马而修筑的奢华建筑（虽然他为此而债台高筑）也日复一日让人们想起他的慷慨。

还有他的文学作品，其中包括诗歌、演讲集和军事评论。他撰写的《高卢战记》讲述了他征战高卢的过程，这本书在将恺撒塑造成罗马偶像的过程中发挥了巨大作用。西塞罗评价这本书时说道：“这本书精妙无比，它摒弃了烦冗复杂的描述。没有什么比简洁明快的叙述更具吸引力了。”

恺撒文风平易，可谓凡有井水处，皆能读恺撒。他对军事行动的描述惊心动魄、扣人心弦，而他自己永远是核心人物（他以第三人称写作，以使文章看起来客观公正），这为他赢得了大批拥趸。苏埃托尼维斯在恺撒去世一百多年后称他为“他所生活时代最杰出的作家之一”。与西塞罗一样，苏埃托尼维斯称赞恺撒的作品“纯粹、精准、清晰”。

但是，苏埃托尼维斯对恺撒王朝统治的评价较为严苛。他指责恺撒擅长贿赂、挥霍无度、野心勃勃，为了自己的经济利益而掀起内战。苏埃托尼维斯通过描述罗马共和国本质上的腐败，暗示恺撒的过错相比之下是小巫见大巫。此外，苏埃托尼维斯写道：“恺撒获得最高权力时，

尽管天然条件优越，但恺撒并没有独自一人统治罗马，由士兵陪伴其左右比被元老围绕更让他轻松自在。

能适度地行使权力，这已超出了人们的普遍期望水平，是值得尊敬的。”

像所有男人一样，恺撒也有自己的弱点。他自负、贪婪、放荡、私生活混乱。苏埃托尼维斯回忆说：“他沉迷于女色，为女人付出的代价也极其昂贵，还诱使许多品质高尚的女性做了很多令人不齿的事情。”当然，这些做法在罗马时代并不罕见。恺撒不喜饮酒，这在当时倒是不常见。他喜欢保持头脑清醒。大多数元老气味相投，喜欢聚在一起饮酒，这也是恺撒总与元老们保持距离的原因。

尽管天然条件优越，但恺撒并没有独自一人统治罗马，由士兵陪伴其左右比被元老围绕更让他轻松自在。罗马的普通公民也认为，与其他元老相比，恺撒更能代表他们的意愿。这也就解释了公元前49年恺撒为何能渡过卢比孔河赢得内战了。牛津大学历史学教授、著名的维多利亚时代学者詹姆斯·弗洛德写道：“恺撒并没有推翻寡头统治，是元老们的无能、自私和卑鄙推翻了自己。恺撒只是被动地使用权力，让人们为自己的不端行为受到必要的惩罚。”

恺撒从很年轻时就因野心勃勃而犯下罪行，但他一旦有了权力，就殚精竭虑让他的人民过上更好的生活。他在公元前46年对日历进行了改革，引入了儒略历，按照该历法，一年总共有365天，分为12个月，每隔4年添上一日，也就是闰年。

恺撒为了消除内战后元老院中任人唯亲的普遍现象，将一些普通人擢升为贵族，让贵族阶级能够更好地代表城市的权益。他还招募了很多裁判官、市政官和财务官，但是许多人在恺撒远征高卢时被元老院解雇，因为他们拒绝接受贿赂。

恺撒的梦想是将罗马变成世界的中心。这座现代而先进的城市会拥有一流的图书馆、宏伟的建筑和服务市民的供水系统。恺撒宣

恺撒的私生子

恺撒的独生子是在恺撒被谋杀的3年前所生，是他与情人不伦恋情的产物。公元前48年，托勒密十三世为了让恺撒欢喜，下令杀掉庞培。恺撒与克利奥帕特拉便在这时在埃及相遇。但是年轻的国王猜错了，将庞培的头颅送给恺撒是个重大失误。罗马独裁官带领他的军队进入埃及，并很快陷落在克利奥帕特拉的魅力中。两人成为恋人，恺撒将她推到了埃及王位上。

托勒密·恺撒被称为“小恺撒”，是克利奥帕特拉的第一个孩子。她的另外3个孩子是在恺撒去世后与马克·安东尼所生。从公元前44年起，这个孩子就与母亲一起统治埃及，而克利奥帕特拉强烈希望他长大后能成为像父亲一样声名显赫的人。但是克利奥帕特拉对马克·安东尼的爱给她的儿子带来了厄运，屋大维视小恺撒为阻碍他权力登顶的障碍。公元前30年，马克·安东尼和克利奥帕特拉在几周内接连自杀后，屋大维杀死了托勒密·恺撒，从而消除了威胁。

△ 埃及的哈索尔神庙墙上刻有克利奥帕特拉七世、尤利乌斯·恺撒和他们的儿子小恺撒（托勒密十五世，与克利奥帕特拉共同摄政）的图案

“恺撒的梦想是将罗马变成世界的中心，一个拥有众多图书馆的现代而先进的城市”

△ 我们可以从恺撒的著作中了解他的功绩

布，年龄在 20 ~ 40 岁的自由民不被允许离开罗马前往外国殖民地，因为兴建这些大型建筑项目需要劳动力。

苏埃托尼维斯写道，这种想法是惊世骇俗的，也是令人钦佩的。恺撒知道，在那些只关心自己财富的既腐败又残忍的贵族统治下，罗马共和国将难以为继。“这些固执、残忍又奸诈的贵族迫使恺撒去制服他们。恺撒要集智慧和权力为一身才能做到这件事。”詹姆斯·弗洛德在 1879 年的著作中写道。恺撒以生命为代价去完成这件使命，他的牺牲并没有白费。

后来罗马帝国的出现，取代了寡头统治。尽管数代罗马皇帝事实上不太称职，但是恺撒对罗马行政体制的改变让罗马再延续了 500 年，并将希腊罗马文明传播到世界各地，让罗马免于被蛮族侵占。

在恺撒去世一个世纪后，普鲁塔克这样写道：“恺撒去世时 56 岁，他只比庞培多活了不过 4 年。他穷尽一生冒着巨大的危险去夺权，功败垂成。他这一生并未取得最终的硕果，拥有的只是名声罢了。”

普鲁塔克似乎在暗示恺撒的野心不值得付出这么多的努力。他错了。尽管这位伟人取得了惊人的成就而自己却收获寥寥，但他留给后世的罗马在普鲁塔克死后仍延续了数百年。这座城市的掌权者将在缔造超级大国的道路上继续开疆拓土。

一名独裁官的不朽遗产

A dictator's enduring legacy

恺撒逝世近2000年后，如何继续让人对他着迷呢？

毫无疑问，恺撒是有史以来最著名、最有影响力的人物之一。人们对他作为军事领袖、政治天才和社会改革家的身份，乃至对他的生活产生的迷恋延续了几个世纪之久，直至今日。

他留下的遗产已经渗透到我们的文化中，人们继续讲述着他在权力中大起大落的故事。在我们现代文化中很容易找到与恺撒相关的事物。例如，现已不复存在的俄国沙皇和德国皇帝的头衔，均来自恺撒的名字。“七月”（July）同样是以恺撒的名字命名。在拉斯维加斯的恺撒皇宫酒店和赌场的入口，有一尊高达6米的恺撒雕像，尽显罗马帝国时期的奢华风采。世界上第一份报纸《每日纪闻》也与恺撒有关。它与今天的报纸类似，以公告的方式使公众了解罗马共和国的事务。恺撒的形象通过大众传媒在当今的文化中变得十分流行，尤其是其影视形象。20世纪40—60年代，出现了很多由莎士比亚著名戏剧改编而成的电影作品，展现了恺撒的性格特征。虽然这种风潮从70年代开始减弱，但2000

1953年出品的电影《尤利乌斯·恺撒》

1953年，由莎士比亚著名剧作《尤利乌斯·恺撒》改编的同名电影中，由路易斯·卡尔亨饰演恺撒。在上映之时，它被《时代》杂志誉为“好莱坞迄今制作的最佳莎士比亚作品”。影片聚焦于将恺撒拉下权力宝座的阴谋：恺撒任由自己的野心如野马般横行，最终招来杀身之祸。正如恺撒已经渗透到我们现代文化中一样，电影的改编部分表现了恺撒权力日益强大，他去世后仍然保持着影响力。从政治和军事角度来看，卡尔亨扮演的恺撒是一个政治和军事素养极高的人，这让其他人担心他在有生之年会变得更加专制。正是这种不安催生了刺杀恺撒的计划——这些密谋者认为他们是在保护共和国。一件有趣的事情是，这部电影的导演约瑟夫·曼凯维奇也导演了1963年的史诗巨制《埃及艳后》。《埃及艳后》中的恺撒由雷克斯·哈里森扮演。

△ 路易斯·卡尔亨、马龙·白兰度和葛丽亚·嘉逊在莎翁剧改编电影《恺撒》中

△ 雷克斯·哈里森 1963 年的影片《埃及艳后》中扮演尤利乌斯·恺撒

△ 沃伦·威廉在 1934 年的电影《埃及艳后》中扮演尤利乌斯·恺撒

△ 塞伦·希德扮演的恺撒是现代媒体中最受欢迎的独裁官形象之一

年的电影《角斗士》让人们重新对恺撒以及整个古代世界燃起了兴趣。从那时起，他不断出现在影视作品里，无论这些作品的主角是他、古罗马，还是他同代的斯巴达克斯或克利奥帕特拉。除此之外，在过去的一个世纪中，许多有争议的法西斯政治人物的起落可能也是人们对恺撒故事感兴趣的原因。毕竟，“法西斯主义者”一词起源于拉丁语“fasces”或“fascio littorio”，是指绑在一起的一捆木棍——古罗马权威的象征。

多年来，莎士比亚戏剧中的恺撒形象都被用来评论某一时间的政治氛围。墨索里尼和其他政治领导人发现，他们的反对者都认为他们具有恺撒的特质。这其中最重要的原因是因为恺撒在剧中遭到暴力暗杀——显然，有很多人认为，他垮台的余波至今仍具有现实意义。恺撒终其一生形成了一种强烈的个人崇拜，这种崇拜能持续到今天不足为奇，毕竟世界上很少有人能取得像恺撒那样的丰功伟绩。令人扼腕的是，他却以历史上最不体面的一种方式结束了一生。

电视剧《罗马》（2005—2007 年播出）

在 HBO 和 BBC 制作的《罗马》第一季中，恺撒由塞伦·希德饰演。屏幕上的恺撒和真实的恺撒从外形上看并没有太多相似之处。大多数批评家都指出，希德的头发并不稀疏，而头发稀疏是恺撒的标志性特征之一。但是这部剧被认为是现代媒体对恺撒性格描写最真实的一部。希德扮演的恺撒机敏而工于心计，需要得到周围人的尊重。有一些时刻，如恺撒对庞培遇刺感到愤怒，尽管有许多杜撰成分，但也是真实事件的写照。剧中恺撒通过操纵身边的人来确保自己独揽大权，这与现代人对恺撒形象的认知产生了共鸣。这样的剧情进一步巩固了恺撒懂权术又势力强大的政治家的形象。虽然如此，该剧还以独特的、前所未见的方式对恺撒进行了塑造。虽然恺撒有一些残暴的行径，但该剧突出表现了恺撒对反对者的宽恕，这在其他作品中并不多见。

图片所属

14 © Karl Hammer
19 © Alamy; Thinkstock
21 © Alamy
25 © ThinkStock
37 © Getty, Wiki
43 © Alamy
47 © Alamy
60 © Getty Images; Alamy; Thinkstock
63 © Alamy
75 © Thinkstock, Wiki
81 © Gettyimages, Alamy
93 © Getty; Look and Learn; Joe Cummings
125 © Alamy; Corbis; Getty Images; Joe Cummings; Sol 90 Images
133 © Getty Images
160 © Corbis; Alamy